丹霞山
青少年研学手册

苏德辰 闫罗彬 李 鑫 凡 强 孟 耀 丁 扬 马庆宇 等 编著

地质出版社
·北京·

图书在版编目(CIP)数据

丹霞山青少年研学手册 / 苏德辰等编著 . — 北京：地质出版社，2023.12

ISBN 978-7-116-13954-1

Ⅰ. ①丹… Ⅱ. ①苏… Ⅲ. ①丹霞地貌—青少年读物 Ⅳ. ① K931-49

中国国家版本馆 CIP 数据核字（2024）第 006364 号

DANXIA SHAN QINGSHAONIAN YANXUE SHOUCE

策划编辑：	罗军燕
责任编辑：	孙春迪
责任校对：	王　瑛
出版发行：	地质出版社
社址邮编：	北京市海淀区学院路 31 号，100083
电　　话：	（010）66554215（邮购部）；（010）66554523（编辑部）
网　　址：	https://www.gph.clmpg.com
传　　真：	（010）66554686
印　　刷：	北京地大彩印有限公司
开　　本：	787mm×1092mm $1/16$
印　　张：	16.25
字　　数：	216 千字
版　　次：	2023 年 12 月北京第 1 版
印　　次：	2023 年 12 月北京第 1 次印刷
审 图 号：	GS 京（2023）2535 号
定　　价：	78.00 元
书　　号：	ISBN 978-7-116-13954-1

（版权所有·侵权必究；如本书有印装问题，本社负责调换）

《丹霞山青少年研学手册》

编委会

总 策 划：谢庆伟　陈 昉
主　　任：苏德辰　闫罗彬
副 主 任：李 鑫　凡 强　孟 耀　丁 扬　马庆宇
委　　员：马益冬　梁惠芬　陈留勤　李宏卫　于 鑫　韩 非
　　　　　李 平　简丹丹　顾丽娟　陈再雄　陈景涛　罗东秀
　　　　　李贵清　任 磊　江杰英　余东亮　丘英翔　曾 明
　　　　　黄 玮　李 莉　彭 露　吴雪芳　马丽荧　钟小飞
　　　　　刘加青　何建华　张建斌　黎丽燕　邓灿阳　黎娟娟

编者的话

丹霞山世界地质公园（以下简称丹霞山）位于广东省韶关市，是世界丹霞地貌的命名地和研究基地。丹霞山，2004年入选全球首批世界地质公园；2010年与南方其他五处丹霞地貌共同以"中国丹霞"的名义列入《世界遗产名录》，成为我国第八项世界自然遗产；目前正在创建国家公园。作为科教名山，丹霞山坚持生态保护成果福祉全民的公益属性，先后被国家和广东省科学技术协会、教育、自然资源、林草、环境、文化和旅游等部门评定为科普教育基地和研学实践基地。这里设有丹霞山博物馆，开放了六条科普研学步道、两条沿江步道、三条自然教育路径、两条水上考察游线和一条阅丹公路山水田园游线，可供中小学生开展地质、地理、生态环境、历史考古、文化旅游、乡村振兴等不同主题的科普研学活动。

作为联合国教科文组织批准的世界自然遗产和世界地质公园的管理者，我们一直致力于推动丹霞山和丹霞地貌的保护、利用和发展。作为科教名山，我们坚持把自然科普和公众教育放在首位，寓教于乐、寓教于游，营造良好的科普研学氛围。中山大学、华南师范大学、东华理工

大学、韶关学院等30余家高校常年在这里开展教学、实习、实践和科学研究，每年走进丹霞山开展研学旅行的公众达40万人次。

作为粤港澳大湾区大中小学生研学实践的首选目的地，在丹霞山研学旅行，老师和学生不仅可以领略到全球典型的丹霞地貌景观、绝美的自然风光、悠久的历史文化、淳朴的客家民风，还可以发现当地人对丹霞山的热爱、对大自然的景仰、对科普知识的追求，以及对终身学习和可持续教育的践行；可以深刻理解"读万卷书，行万里路""人生而有涯，而知也无涯""三人行，必有我师""朝闻道，夕死可矣"等宝贵的生命体悟，还可以感受当地社区热情、友好、豁达、勤奋、上进、包容、协作的精神面貌，体验广东第一个"科普小镇"社区的魅力。

为充分发挥丹霞山研学基地、科普基地、世界丹霞地貌研究中心的实践教育功能，为广大师生提供一本丹霞山研学实践的工具书，应韶关市丹霞山管理委员会要求，我们专门邀请了苏德辰研究员、闫罗彬博士、李鑫博士、凡强博士、孟耀博士、丁扬博士、马庆宇博士等一批专家学者共同编写这部《丹霞山青少年研学手册》。在编写过程中，顾丽娟、陈再雄、罗东秀、丘英翔等一批丹霞山研学导师也给予了全力支持。

《丹霞山青少年研学手册》不仅结合丹霞山博物馆和八条研学路线实地考察的地质地貌、生物生态、胜景古迹和民风民俗进行了研学课程设计，还做了能量补给站，即对关联知识进行了延展补充，以开阔学生视野，并在每条路线上设计了挑战任务，以引导学生观察、探究和讨论。本书可以作为设计丹霞山研学行程的参考资料，也可以作为实地研学旅行的教材，还可以作为游客的丹霞山科普旅行指南。

我们希望读者通过阅读本书，能够全面了解丹霞山、丹霞地貌、丹霞区系和丹霞文化，更希望本书能够帮助读者更好地走进这座神奇、美丽、好客的大山，共同领略造化神奇，和我们一起守护好丹霞山世界自然遗产、世界地质公园！

《丹霞山青少年研学手册》编委会
2023年9月

入园须知

尊敬的游客朋友：

欢迎您来到丹霞山！

为了保护好丹霞山的自然生态环境，守护好大自然亿万年时光塑造的丹霞地貌，把这份珍贵的自然遗产完整地留给子孙后代，请您在开启一段美好的自然旅行之前，仔细阅读以下须知。

一、文明有序入园。丹霞山开放区域实行实名制购票。一人一票，48小时内可多次入园游览。丹霞山博物馆、阅丹公路沿线的乡村则免费开放。

二、践行低碳生活。请尽量选择公共交通、骑行或步行方式进入园区。

三、注意游园安全。请注意沿线的安全警示牌，请勿攀爬、翻越安全防护栏；停下脚步，再赏美景；上下台阶，请勿拥挤；特殊区域，注意落石，小心地滑。

四、保护生态环境。禁止攀爬折枝、摘花采果、采挖植物；禁止砍伐、放牧、狩猎、捕捞（钓鱼）、采药、开垦、开矿、采石、挖沙；严禁烟火；严禁下河游泳；严禁任何污染水源的行为。

五、爱护公共设施。禁止乱涂乱画、乱张贴或悬挂物品、损毁设施等一切破坏行为。

六、遵守规章制度。任何单位和个人严禁进入未开放区域开展旅游和生产经营活动。进入园区的车辆请按规定的路线行驶，停放在指定区域。

七、维护环境卫生。请勿乱丢垃圾。如果您能把废弃物随身携带至丹霞山博物馆废弃物收集处，可以兑换一份"丹霞山保护卫士"纪念品。

感谢您的支持和配合！祝您游园愉快！

咨询、投诉、救援24小时热线电话：0751-6296988。

广东韶关丹霞山国家级自然保护区管理局

目 录

第 1 课　话丹霞 / 2

第 2 课　寻找镇馆之宝 / 36

第 3 课　层岩尽染读天书
　　　　——锦石岩（1号线）研学课程 / 44

第 4 课　美不胜收登高处
　　　　——长老峰（2号线）研学课程 / 70

第 5 课　湖光山色两相宜
　　　　——翔龙湖（3号线）研学课程 / 108

第 **6** 课　绿野仙踪探天柱

　　——卧龙冈原始森林（4号线）研学课程 / 138

第 **7** 课　雄风最宜是朝阳

　　——阳元山（5号线）研学课程 / 158

第 **8** 课　鬼斧神工天生桥

　　——通泰桥（6号线）研学课程 / 184

第 **9** 课　欸乃一声丹霞红

　　——水上丹霞（7号线）研学课程 / 202

第 **10** 课　仙山琼阁入画来

　　——锦江画廊（8号线）研学课程 / 218

丹霞山研学游记 / 243

2005年,《中国国家地理》选美中国特刊评选中国最美的七大丹霞地貌,丹霞山荣获第1名。

摄影：谢锦树

丹霞山青少年研学手册

第 1 课
话丹霞

▲ 丹霞览胜（绘制：陈景涛）

第 1 课 话丹霞

> 课程简介

你来过广东韶关的丹霞山吗？你眼中的丹霞山是什么样子呢？在开始丹霞山之旅之前，你可以自己查阅资料，或者通过与同学分组讨论，聊一聊自己心目中的丹霞山。

▲ 丹霞山自然学校

时长

1.5～2小时。

研学地点

丹霞山博物馆内的丹霞山自然学校、风度书吧。

▲ 风度书吧

研学知识点1：丹霞山简介

　　中国红石公园——丹霞山是丹霞地貌的命名地，是中国低海拔山岳型风景区的杰出代表，先后被评为中国国家级风景名胜区、中国自然保护区和国家AAAAA级旅游景区。经联合国教科文组织批准，2004年2月13日，丹霞山入选全球首批世界地质公园；2010年8月2日，丹霞山与南方其他五处丹霞地貌以"中国丹霞"的名义列入《世界遗产名录》。

　　丹霞山以世界罕见的壮年期峰林-峰丛式丹霞地貌为主体景观，兼有亚

▲风光旖旎的丹霞山（摄影：谢锦树）

热带常绿阔叶林，形成绝妙的自然风光，丹山-碧水-绿树-田园交相辉映，美不胜收。这里人文底蕴丰厚，宗教、史迹、乡土文化特色浓郁，是一处适宜发展观光、休闲、科教、考察、探险、旅游的世界地质公园。

| 中国国家级风景名胜区 | 中国自然保护区 | 国家AAAAA级旅游景区 | 联合国教科文组织世界地质公园 | 世界遗产 |

▲ 丹霞山的"身份"

地理位置

丹霞山位于我国广东省韶关市东北郊，总面积约为292平方千米。丹霞山分为丹霞景区、韶石景区、巴寨景区、飞花水景区、仙人迹景区、锦江风光带和浈江风光带，目前已开放丹霞景区的长老峰游览区、阳元山游览区、翔龙湖游览区和锦江水上游览区。

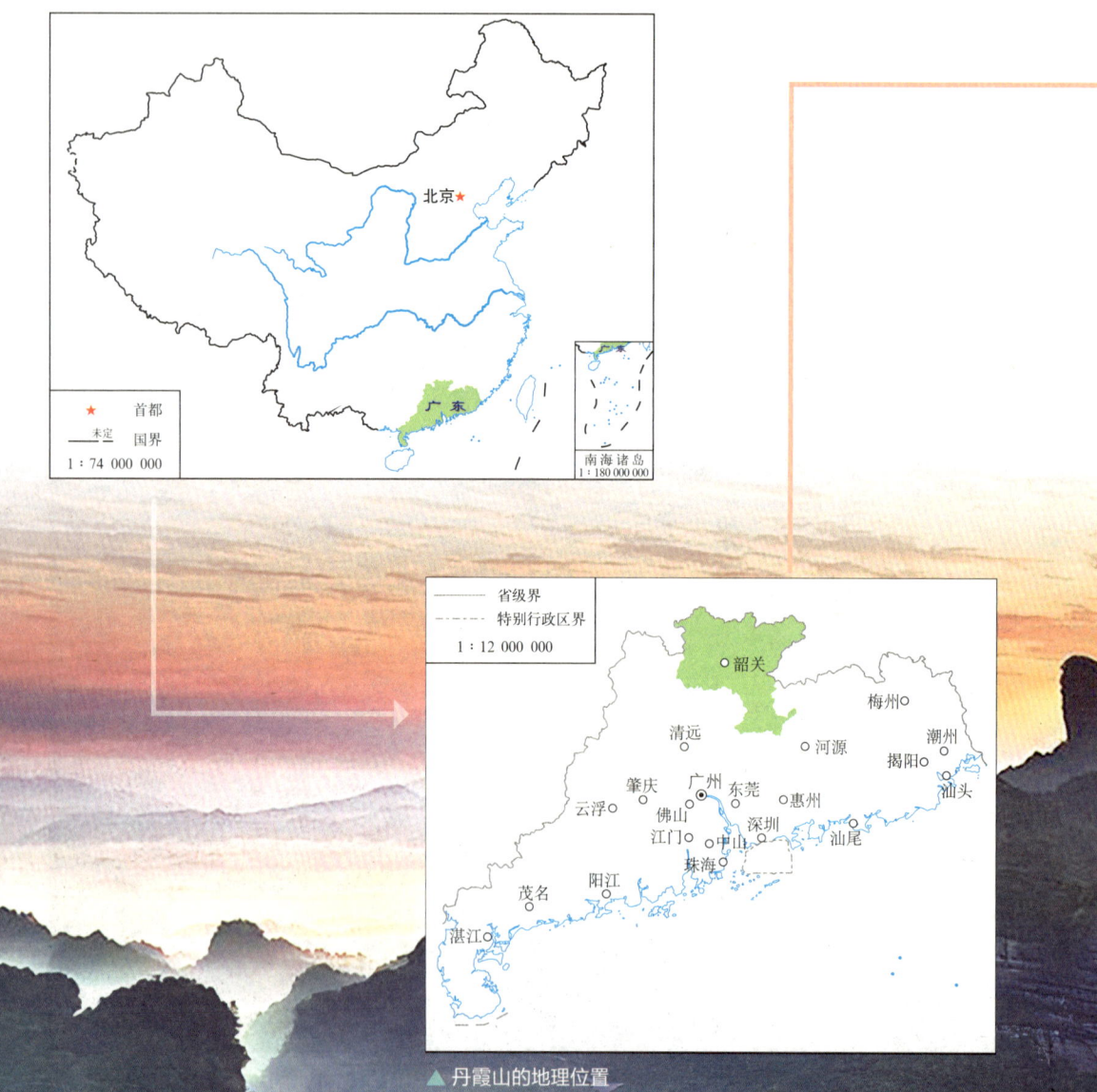

▲ 丹霞山的地理位置

▲丹霞山世界地质公园分区示意图

宿建封寺晓登尽善亭望韶石三首

【宋】 苏轼

双阙浮空照短亭,至今猿鸟啸青荧。
君王自此西巡狩,再使鱼龙舞洞庭。

蜀人文赋楚人辞,尧在崇山舜九疑。
圣主若非真得道,南来万里亦何为。

岭海东南月窟西,功成天已锡玄圭。
此方定是神仙宅,禹亦东来隐会稽。

🌤 气候条件

丹霞山地处南岭山脉南麓,具有中亚热带向南亚热带过渡的季风性湿润气候特点,生态环境复杂多样,为大量珍稀濒危物种提供了良好的栖息环境,形成了独具特色的丹霞区系。

丹霞山年平均气温19.7℃,极端最低气温-5.4℃,极端最高气温40.9℃。最热月(七月)平均气温28.3℃,最冷月(一月)平均气温9.5℃。月平均最高气温和平均最低气温有秋高于春的特点。

丹霞山年均日照总数1721小时,太阳辐射强度448.6千焦/平方厘米,日均日照时数4.7小时,7—9月较多,2—4月较少。

丹霞山年平均降水量1715毫米,年均雨日177天。3—8月降水量约占全年降水量的75%,以4—6月最为集中,约占全年降水量的48%。

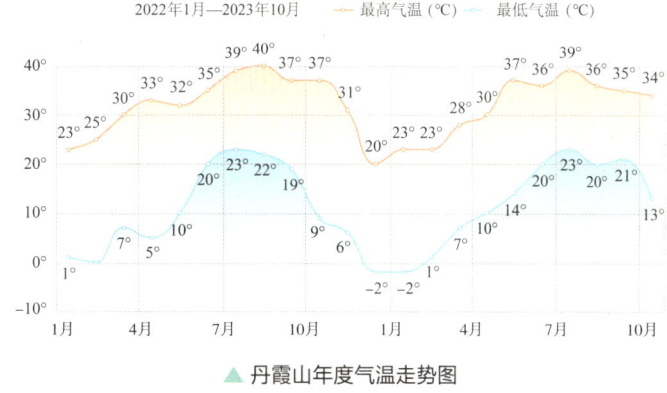

▲ 丹霞山年度气温走势图

四季常绿的丹霞山南亚热带天然植被体系(摄影:刘加青)

丹霞地貌

丹霞山在地质构造上属于南岭山脉南缘的一个构造盆地——丹霞盆地。早在1亿年前的早白垩世，受太平洋板块俯冲和拉张的影响，丹霞盆地持续下沉，碎屑不断堆积。那时，东部沿海区域存在高大的海岸山脉，阻隔了海陆之间的水汽交换，气候相对干热，层层掩埋的碎屑在地下形成丹霞地貌的物质基础——红色的地层（即红层）。2300万年前，印度板块和欧亚板块的碰撞对中国东南地区产生了影响，丹霞山地区整体抬升。红层在被抬升的过程中形成了很多高倾角至垂直的断层和节理，经长期风化、流水侵蚀及崩塌，形成了孤立山峰和奇岩怪石。地学先辈把全世界与丹霞山类似的地貌都称为丹霞地貌。

▲ 雄奇壮美的丹霞地貌（摄影：刘加青）

▲ 壮观的赤壁丹崖——全球丹霞地貌典型剖面（摄影：刘加青）

丹霞地貌是一种具有陡崖的陆相红层地貌，是由内陆盆地沉积的以红色厚层砂岩和砾岩为主的地层，在千百万年的地质演变过程中，受到断层和节理切割、流水侵蚀、风化、崩塌等作用而形成的地貌。这种地貌常常表现为赤壁丹崖、方山、石墙、石柱、峡谷、洞穴等各种形态。这种地貌以我国广东省的丹霞山最为典型，故称为丹霞地貌。

▲ 从巴寨额状洞穴眺望茶壶峰石墙石柱（摄影：谢锦树）

能量补给站

● 什么是世界地质公园？

地质公园是以其地质科学意义、珍奇秀丽和独特的地质景观为主，融合自然景观与人文景观的自然公园。世界地质公园是指因其独特的地质构造、地貌景观和地质遗迹被联合国教科文组织认定为具有世界级重要性地质遗产的自然地区。这些地质公园通常展示了地球演化过程中的重要地质事件和现象，对于科学研究、教育、旅游和地质遗迹保护具有重要意义。截至2023年5月，全球世界地质公园有195处，分布在48个国家和地区。中国已有41处，是世界上拥有世界地质公园数量最多的国家。

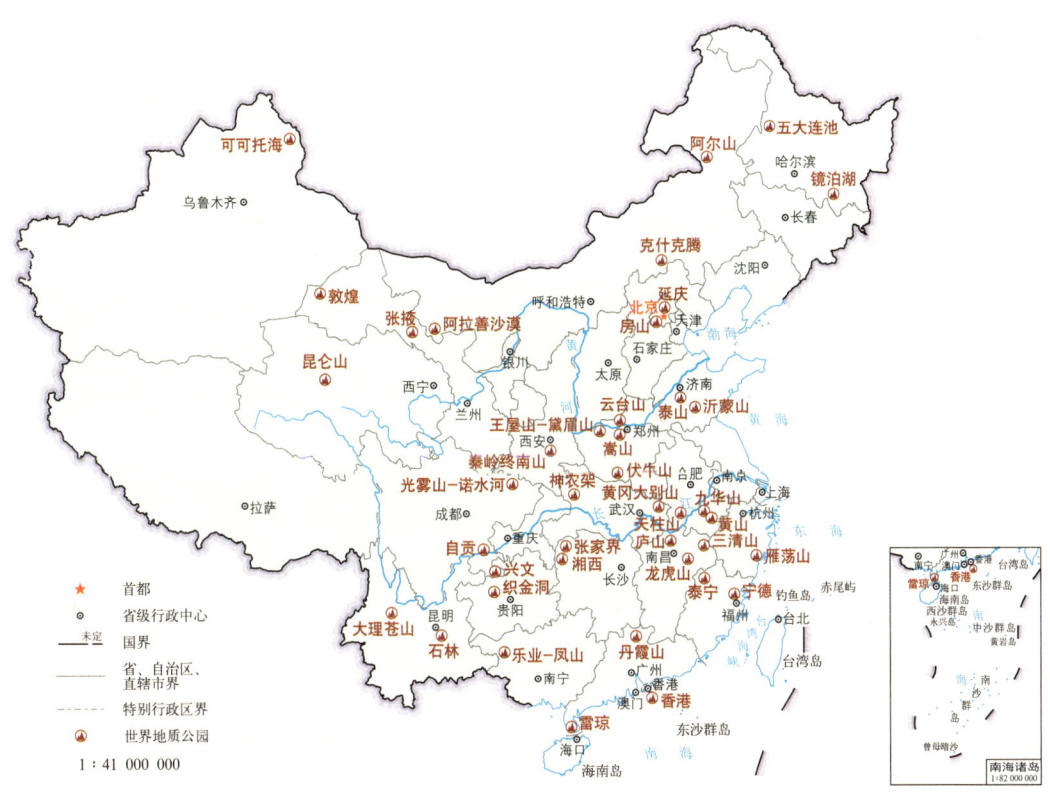

▲ 中国的世界地质公园分布图

● 什么是自然保护地体系？

自然保护地体系是将自然保护地按生态价值和保护强度划分，从高到低依次为国家公园、自然保护区、自然公园三类，形成以国家公园为主体、自然保护区为基础、各类自然公园为补充的体系。

我国规划建设49处国家公园，目前已正式设立大熊猫国家公园、东北虎豹国家公园、三江源国家公园、海南热带雨林国家公园和武夷山国家公园。在广东，丹霞山和南岭都正在创建国家公园。

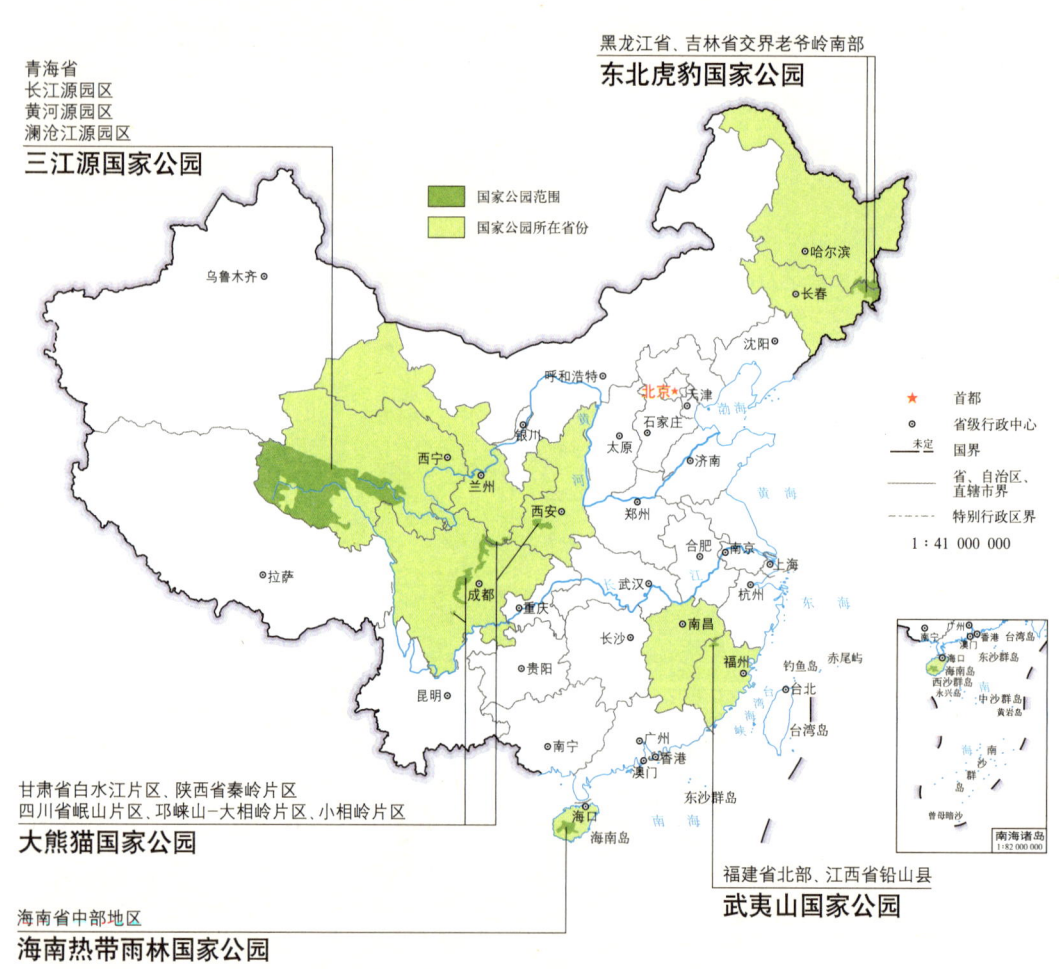

▲ 中国已设立的国家公园区位示意图

● **什么是丹霞地貌？**

丹霞地貌（Danxia landform）的定义是"有陡崖的陆相红层地貌"，是指沉积在内陆盆地的红色砂砾岩层，在千百万年的地质演化过程中，经受风化、流水溶蚀、重力崩塌等综合作用，形成的城堡状、宝塔状、针状、柱状、棒状、方山状

▲ 典型的丹霞地貌——丹霞山东部群峰一组

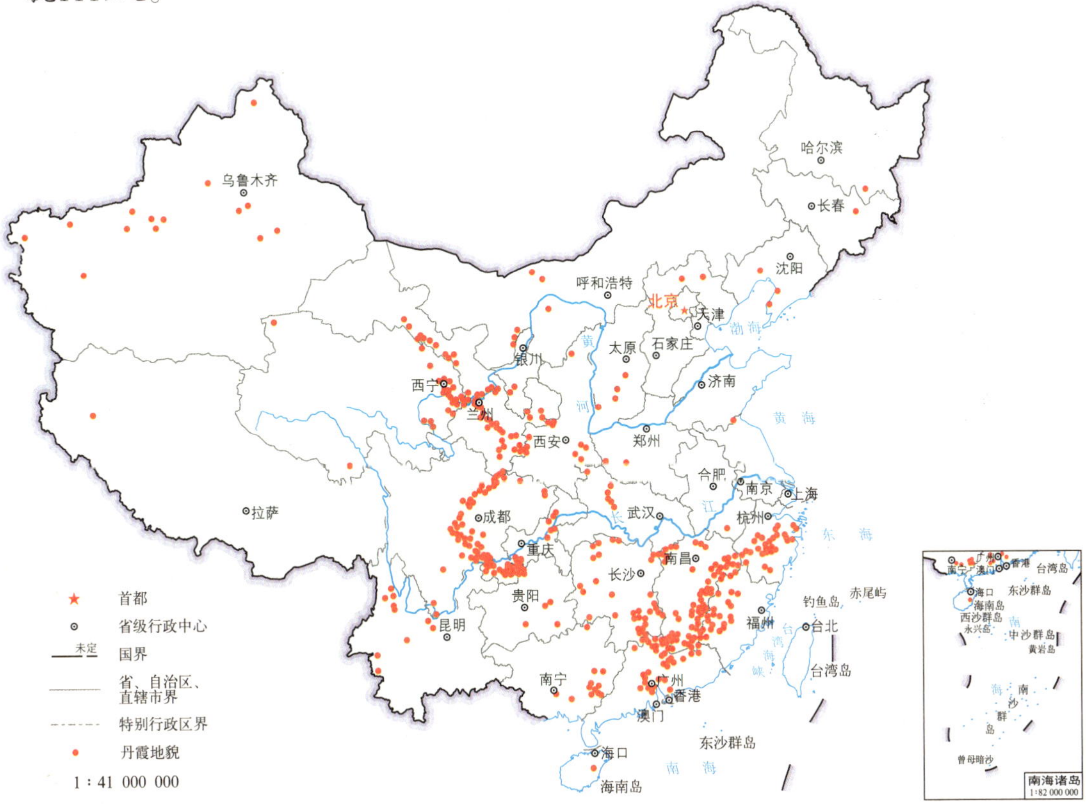

或峰林状的地形。以广东丹霞山命名的丹霞地貌遍布全球，美国西部、中欧和澳大利亚等地都有大量分布，以中国分布最广。目前，中国已发现丹霞地貌1119处。

▲ 中国丹霞地貌分布图

1928年，地质学家冯景兰等在广东省仁化县丹霞山考察时将这里的红色砂岩和砾岩命名为丹霞层；1939年，陈国达将这些由丹霞层构成的地貌正式命名为丹霞地形（即现存的丹霞地貌）。此后，吴尚时、曾昭璇、黄进、彭华等学者先后对丹霞地貌进行了持续和深入的研究与推广。

冯景兰
1898—1976年

河南唐河人。地质学家，中国科学院学部委员（院士）。1928年在丹霞山发现并考察丹霞地貌，首次命名"丹霞层"。

陈国达
1912—2004年

广东新会人。地质学家，中国科学院学部委员（院士），地洼学说创立者。首次提出"丹霞地形"概念，这个概念在1961年中华书局出版的《辞海（试行本）·地理分册》中正式改为"丹霞地貌"。

吴尚时
1904—1947年

广东开平人。地理学家，岭南近代地理学开山大师。为丹霞山的基础地质和地貌发育规律研究做了大量基础性工作。

曾昭璇
1921—2007年

广东广州人。地貌学家。研究、论述了岩石构造和外力作用在丹霞地貌发育中的关系，在国内开辟了丹霞地貌作为一种地貌类型的研究方向，是我国丹霞地貌研究的主要奠基人。

黄进
1927—2016年

广东丰顺人。中山大学教授,丹霞地貌旅游开发研究会创始人。第一位全面系统研究丹霞地貌的地理学家,实地考察了全国1000余处丹霞地貌,被誉为"丹霞痴""当代徐霞客"。

彭华
1956—2018年

安徽砀山人。中山大学教授,丹霞地貌旅游开发研究会前理事长,国际地貌学家协会丹霞地貌工作组前主席。毕生致力于丹霞地貌研究,为"中国丹霞"成功申报世界自然遗产、将丹霞地貌推向世界作出了突出贡献。

　　广东丹霞山、福建泰宁、江西龙虎山、甘肃张掖冰沟园区共四处丹霞地貌公园先后列入世界地质公园。2010年8月,贵州赤水、福建泰宁、湖南崀山、广东丹霞山、江西龙虎山、浙江江郎山共六处丹霞地貌景区以"中国丹霞"的名义列入《世界遗产名录》。美国的科罗拉多大峡谷、泽恩公园,澳大利亚的蓝山山脉、普尔努卢卢国家公园,希腊的梅戴奥拉修道院和西班牙的龙达小镇等景区是世界级著名旅游地中丹霞地貌的典型代表。福建武夷山、四川青城山、安徽齐云山、甘肃麦积山等约40处公园也都拥有"色若渥丹,灿若明霞"的优美丹霞地貌景观。

　　丹霞地貌独特的地势和色彩自古就吸引了众多宗教人士兴建寺庙、道观,使丹霞地貌地区成为佛教和道教圣地,也成为历代文人墨客吟诵赞美的风景胜地。中国丹霞地貌的研究、保护与利用工作已经走在了世界前列,吸引了越来越多地理、旅游、人文、科技、生物、规划、农林等专家学者的关注。

● 丹霞地貌的"生命周期"是怎样的？

根据流水侵蚀程度，丹霞地貌可以分为青年期、壮年期和晚年期三大阶段。下面以"中国丹霞"六处地貌景区为例，对丹霞地貌的"生命周期"加以说明。

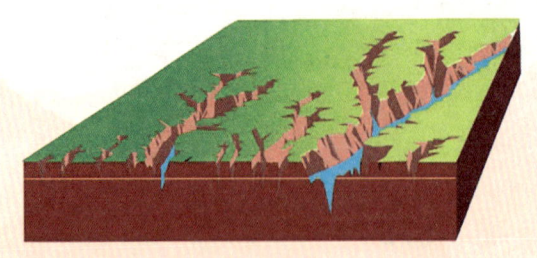 

▲ 代表：贵州赤水

青年早期（高原峡谷型景观）

保持连续原始沉积顶面或古剥夷面（>50%）；侵蚀量小于20%。

红层抬升区，高原峡谷地貌组合。属地壳抬升-流水下切-巷谷、峡谷发育阶段，上部保持大面积原始沉积顶面、古剥夷面或弱侵蚀平台；峡谷纵剖面呈阶梯状，多瀑布、跌水。

▲ 代表：福建泰宁

青年晚期（雏形峰丛峡谷型景观）

山顶面缩小，原始平缓顶面<30%；侵蚀量为20%~40%。

整体呈密集峰丛-峡谷式群体外貌，原始高原面破碎为离散的山块，多方山状或崮状山块；主河谷以峡谷为主，局部发育有边滩或河漫滩。

▲ 代表：湖南崀山

壮年早期（密集峰丛型景观）

山块离散，原始顶面比例为10%~20%，侵蚀量为40%~55%。

山块离散，整体呈峰丛状，古剥夷面清晰，但山顶面已狭小；主河谷峡谷-宽谷相间分布，主河床接近区域性侵蚀基准面；近河谷多峰林，远河谷多峰丛，地表最崎岖，高差最大。

▲ 代表：广东丹霞山

壮年晚期（簇群式峰丛峰林型景观）

整体以峰丛-峰林状为主，平缓山顶面<10%，侵蚀量为55%~70%。

主河谷以侧蚀为主，基本成为宽谷，主要支谷也接近区域性侵蚀基面；整体呈峰林-峰丛状；山顶面缩小到不足10%，而且因长期风化侵蚀而降低。

▲ 代表：江西龙虎山

晚年早期（疏散峰林宽谷型景观）

整体以宽谷-峰林-孤峰组合为主，剥夷面消失，侵蚀量为70%~85%。

主河谷全部为宽谷，主要支谷达区域性侵蚀基面；整体呈宽谷-峰林-孤峰组合，局部保持小范围峰丛；山块缩小，山顶面降低，无原始顶面。

▲ 代表：浙江江郎山

晚年晚期（孤峰型景观）

地貌以准平原化为主，主河床以上侵蚀量大于85%。

波状起伏的准平原面，个别地段残留小范围峰林、孤峰、孤丘或孤石。

● 丹霞山是怎样一步步发展的？

经过40多年的保护和发展，丹霞山由最初的宝珠峰、海螺峰及长老峰三座山峰所形成的风景区发展为现今拥有680余座山峰、方圆292平方千米且享誉全球的世界地质公园。

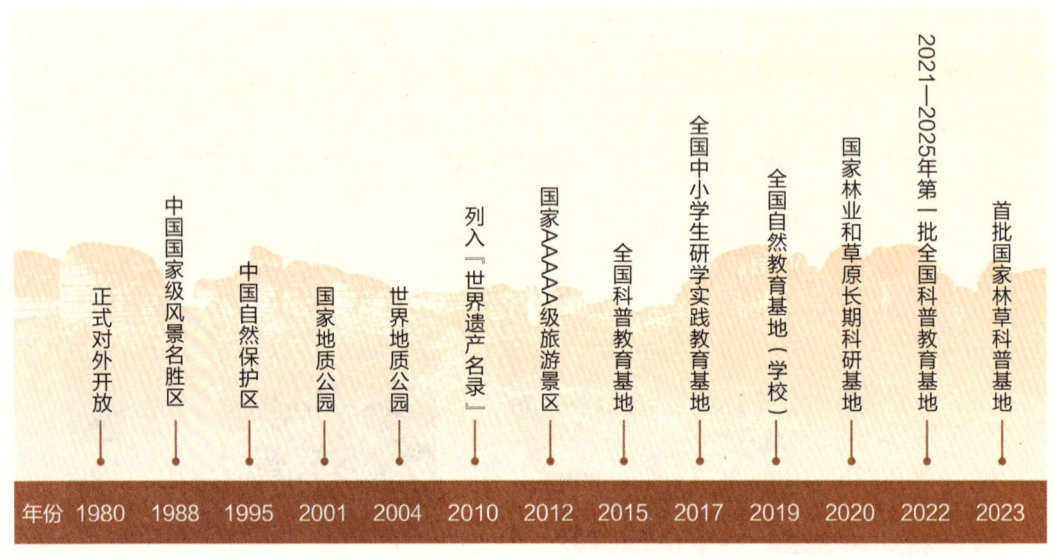

▲ 丹霞山的发展历程

● 丹霞山的价值有哪些？

在我国已发现的1119处丹霞地貌中，甚至在世界各地已发现的丹霞地貌中，丹霞山是丹霞地貌发育最典型、类型最齐全、造型最丰富、风景最优美、研究最充分的区域，是全球丹霞地貌科学研究基地和最佳科普教育场所。

● 地貌学价值

丹霞地貌是一种特殊的红层地貌，展现了地球上一种与众不同的自然面貌。从全球范围来看，作为丹霞地貌的命名地，丹霞山具有唯一性；丹霞山的丹霞地貌具有典型性、代表性、多样性和不可替代性，这对于丹霞地貌的研究工作，具有极其重要的意义。

● 地层学价值

丹霞山是中国中生代红色岩系中研究程度非常高的地区之一，同时丹霞山的红色岩系也一直是华南地区白垩系丹霞组地层对比的标准地层，在地质学方面意义重大。

● 生态学价值

丹霞山是近一两百万年地质历史时期生态演替的典型区域。多次地壳抬升和流水下切，使四面悬崖围限的山顶古夷平面上和封闭的沟谷中，仍保留着原始的生态群落，包括演化至今的原始森林或原始状态的次生林，它们基本没有受到人类活动的干扰。而在崩塌崖壁和崩积石块的表面，由低级到高级的生态演替过程则重新开始。

● 科教价值

丹霞山的地质地貌、自然环境和生态演变等方面的研究是中国丹霞地貌研究中最为详细的。目前，丹霞山已经成为丹霞地貌对比研究基地；这也为科普教育和开辟科普研学创造了条件，使丹霞山成为中小学、大专院校学生进行科普教育和教学实习的重要场所。

▲ 共享研学成果（摄影：黄玮）

◆ 旅游景观价值

丹霞地貌景观主要包括赤壁丹崖景观、造型景观、丹霞群峰景观、丹霞岩洞景观、巷谷地貌及丹山碧水组合景观等。在世界丹霞地貌景观中，丹霞山的丹霞地貌发育最典型、类型最齐全、造型最丰富、风景最优美。

▲ 丹霞览胜（摄影：刘加青）

▲ 丹霞峰林（摄影：陈志芳）

◆ 历史文化价值

丹霞山一带在很久以前就有先民居住并繁衍生息。在丹霞山东南部、临近浈江的鲶鱼转就已发掘出新石器时代晚期先民生活的聚落遗址，表明该地区的文化发展水平与中原地区相当。丹霞山还是岭南宗教圣地，隋唐时期开始有僧尼经营，在明清时期达到最盛。已发现石窟寺遗存达40多处。

▲ 鲶鱼转聚落遗址与发掘的石器

◆ 遗产价值

丹霞山具有重要的遗产价值，主要体现在以下四个方面。

（1）记录了中生代以来区域大地构造演化的丰富信息，发育了典型的丹霞地貌，是丹霞地貌演化的天然博物馆和教科书。

（2）自然遗产和历史文化遗产相得益彰，构成了丹霞山卓越的景观系统和突出的资源特色。

（3）孕育了良好的生态原生性和生物多样性，形成了典型的丹霞地貌植被类型和生态系统，是近一两百万年地质时期生态演替的典型区域。

（4）生态演化过程表现清晰，反映了重要的丹霞地貌生态系统，展示了丹霞地貌从青年期、壮年期到晚年期的地貌演变过程和生物群演化过程。

研学知识点2：丹霞山自然资源

　　丹霞山地质资源丰富、生物资源多样、人文资源富饶。丹霞山处于壮年晚期，以簇群式峰林、峰丛为特色，形成高峡幽谷、群峰成林、变化万千的丹霞地貌群体景观，不同形态和体量的赤壁丹崖组合成气象万千的丹霞地貌景观。赤壁丹崖拔地而起，680多座山峰如赤城一片，浩浩荡荡；锦石岩大崖壁雄浑伟岸，东部群峰巍峨耸立，阴阳元石奇特造化。崖壁、石峰、石柱、洞穴、峡谷，类型多样，珍稀奇特。

　　锦江和浈江穿境而过，丹山碧水相互辉映，构成秀美的山水景观。

　　此外，丹霞山还有众多的湖泊、瀑布、溪流、深潭、田园等景观，保留了大量古山寨、古寺庙、古村落、古驿道、古摩崖，拥有极高的旅游和研学价值。

▲ 韶石风光（摄影：房翔龙）
相传，4000多年前舜帝南巡至此，登山奏韶乐，并以"韶"命名了这片山峰。韶州、韶关因此得名

地质资源

丹霞山共有地质遗迹点387处,可分为地层遗迹、岩石遗迹、地质构造遗迹、沉积遗迹、水文地质遗迹、地貌遗迹和人文景观遗迹共七种类型。其中地层遗迹点21处,岩石遗迹点18处,地质构造遗迹点46处,沉积遗迹点12处,水文地质遗迹点15处,地貌遗迹点207处,人文景观遗迹点68处。

丹霞山具有科学价值、美学价值、科普教育价值及旅游开发价值的重要地质遗迹点共88处,其中世界级地质遗迹点25处,国家级地质遗迹点57处,省级地质遗迹点6处。

▲ 峡谷研学考察

生物资源

丹霞山地处亚热带湿润型季风气候区，发育有热带常绿阔叶林。复杂的地貌结构为大量珍稀濒危动植物提供了良好的栖息地，每年都会有新的特有物种被发现。复杂的地形也在小尺度上创造了各种不同的生境，使得丹霞山物种多样性极其丰富，并成为中国南方生物多样性保护基地和物种基因库。丹霞梧桐、丹霞兰、丹霞小花苣苔、黄进报春苣苔、彭华柿、丹霞刚竹、景兰景天等丹霞山特有物种的发现，让丹霞山的生态学价值更加引人注目。

科学家认为，丹霞山独特的地形地貌和气候条件形成了强烈的生态孤岛效应，引起了生物生境的剧烈变化，使得丹霞山的植被类型和生态系统发生复杂的分异，发育了独特的"丹霞区系"。

▲ 丹霞兰——丹霞山发现的兰科植物新属

▲ 丹霞堇菜——中山大学科研人员在丹霞山发现的40余个新物种之一

▲ 丹霞梧桐——丹霞山特有物种

丹霞山地区有国家重点保护野生植物32种，其中一级重点保护野生植物1种，为仙湖苏铁；二级重点保护野生植物31种，分别为蛇足石杉、福建观音座莲、金毛狗、桫椤、黑桫椤、粗齿桫椤、水蕨、金耳环、罗汉松、金线兰、白芨、建兰、春兰、寒兰、丹霞兰、美花石斛、铁皮石斛、拟高粱、野大豆、花榈木、软荚红豆、苍叶红豆、荔枝叶红豆、白毛茶、莽山野橘、山橘、金豆、龙眼、伞花木、广东蔷薇、丹霞梧桐。

▲ 中山大学科研人员在丹霞山科学考察时，发现了国家一级重点保护野生植物仙湖苏铁，这也是丹霞地貌区域首次发现仙湖苏铁野生群落

▲ 软荚红豆

丹霞山地区有国家重点保护野生动物60种，其中一级重点保护野生动物2种，分别为中华秋沙鸭和黄胸鹀；二级重点保护野生动物58种，包括白鹇、黑鸢、褐翅鸦鹃、短尾鸦雀、鸳鸯、凤头蜂鹰、黑冠鹃隼、褐林鸮、领鸺鹠、红脚隼、仙八色鸫、画眉、虎纹蛙、三线闭壳龟、三索蛇、脆蛇蜥、井冈山脊蛇、眼镜王蛇、斑林狸、豹猫、阳彩臂金龟等。

▲ 短尾鸦雀

▲ 豹猫

▲ 中华秋沙鸭（摄影：邹贵福）

人文资源

丹霞山历史悠久，人文景观十分丰富，寺庙建筑、摩崖石刻、碑刻、古山寨、岩庙、悬棺等文物古迹众多。第三次全国文物普查实地调查发现丹霞山不可移动文物有74处，其中古遗址28处、古墓葬15处、古建筑10处、石窟寺及石刻10处、近现代重要史迹及建筑11处。

▲ 丹霞山摩崖石刻被列入国家重点文物保护单位

丹霞山历史文化遗存代表了一种独特的艺术成就。锦石岩寺、别传禅寺等是国内闻名的寺庙，建于悬崖峭壁之中，天人合一，巧夺天工；摩崖石刻、碑刻和岩画灿烂辉煌，其中位于长老峰景区的北宋以来的摩崖石刻被列入全国重点文物保护单位。

▲ 夏富古村

古山寨、古岩庙和岩棺葬是一种已经或正在消逝的古文化景观。丹霞山古山寨和古岩庙遍布全山，并拥有神奇的岩棺葬景观。此外，丹霞山田园风光优美，以夏富古村和张九龄故居——张屋古村为代表，具有重要的文化价值和旅游开发价值。

丹霞山现拥有市县级以上文物保护单位15处，其中全国重点保护单位1处，为丹霞山摩崖石刻；省级文物保护单位5处，分别为鲶鱼转遗址、雪岩寺与石乳泉、细美寨、丹霞山塔墓群、狮子岩庙遗址；市县级文物保护单位

9处，分别为金龟岩庙遗址、涌泉岩庙遗址、打锣岩庙古道遗址、穿窿岩庙遗址、螺顶浮屠遗址、澹归塔墓遗址、断石村吴氏祠堂、锦江岩画、燕岩禅寺。此外，丹霞山还拥有大量尚未核定为文物保护单位的不可移动文物点。

👍 挑战任务

丹霞山有着丰富的地质、生物和人文资源，景观独特、文化多彩，是青少年开阔眼界、挑战自我、发现自然和展望世界的大自然学校。

● **我想学什么？**

"读万卷书，行万里路"研学旅行就是在旅途中实践和学习，到了丹霞山，你最想获取哪方面的新知识呢？

● **我想看什么？**

丹霞山被评为最美的丹霞地貌，赤壁丹崖、奇峰林立，具有独特的美学价值。到了丹霞山，你最期待看到哪些自然奇观？

● **我想吃什么？**

丹霞山不仅有"丹山锦水"的自然景观、历史悠久的客家古村落，还有具有粤北山区特色的当地美食。你可以从丹霞山的自然环境和客家文化推测一下这里会有什么特产美食呢？

能量补给站

● 什么是地质学？

地质学是研究地球的科学。主要研究地球的性质和特征。它涵盖了地球的各个方面，包括地球的物质组成、表面特征、内部结构、地质过程、岩石形成和演化、地球历史、地球资源和环境。地质科学对于了解地球的过去、现在和未来具有重要意义，它不仅有助于解释自然灾害的发生，还有助于地质资源的勘探和自然环境的保护。地质学家通过研究地质过程和地质记录，为地球科学和人类社会的可持续发展提供了关键信息。

● 什么是地质多样性？

地质多样性是指自然界中非生物元素的多样性，它包括地球的矿物、岩石、化石、土壤、沉积物、地貌、地形、地质和地貌的形成过程，以及河流和湖泊等水文特征。世界地质公园是地质多样性的鲜活样例。

▲ 国际地质多样性日

2021年11月22日，第41届联合国教科文组织大会通过决议，将每年的10月6日设立为"国际地质多样性日"，旨在提高人们对地质多样性给人类、社会和环境带来诸多益处的认识。

地质遗迹的多样性是地质多样性的重要体现。地质遗迹是地球近46亿年演化过程中遗留下来的记录和自然遗产，它及其所构成的地质环境，是地球的自然资源、自然环境的基础和极其重要的组成部分，对地球上生物的分布及人类社会文明都有着深刻的影响。

许多重要的地质遗迹和地质景观往往代表了一个地区的地质历史、地质事件或演化过程，也是国家级乃至世界级风景旅游地的资源基础。丹霞山是丹霞地貌形成演化的地质历史遗迹，是丹霞地貌发育到壮年晚期的典型代表。

● 什么是地质遗迹？

地质遗迹是地球表面或地质记录中的特殊地点、地貌或岩石特征，它们具有独特的地质历史或科学意义。这些遗迹通常包括以下类型。

化石遗迹：地史时期生物的化石，包括植物、动物、微生物等。它们被保存在地层中，记录了生命演化的历史，它们可以提供关于生物的起源、演化和灭绝的信息。

岩石遗迹：包括特殊的岩石形态或岩层，如地质构造活动、火山喷发、沉积作用等。它们反映了地球历史中的重要事件。断层、火山口、地层、岩浆柱等都可以视为岩石遗迹。

地貌遗迹：地球表面的特殊地形或地貌特征，如冰川地貌、河流峡谷、喀斯特地貌、火山地貌等。它们提供了关于地表地貌演化的信息。

矿产遗迹：与矿物资源相关的地点，包括矿山、采矿遗址、矿石脉等。它们记录了矿物资源的开采历史和地质背景。

古地理遗迹：古地理的记录，如古代河流、海岸线、山脉等。它们揭示了地球地理变化的历史。

地质遗迹对于地质学家、古生物学家、地质工程师和环境科学家来说都具有重要价值。它们提供了关于地球演化、地质历史、气候变化、生物演化和自然资源的珍贵信息。许多地质遗迹被列为自然和文化遗产，以维护其科学和文化价值。

丹霞山青少年研学手册

第 2 课
寻找镇馆之宝

▲ 丹霞山博物馆（摄影：黄玮）

第 ❷ 课　寻找镇馆之宝

📋 课程简介

　　丹霞山博物馆位于景区中山门广场，占地5000平方米，建筑面积3300平方米。丹霞山博物馆分上、下两层，共有四大科普展厅、一个演示厅和一个多功能厅。科普展厅以地球科学、丹霞地貌、生态环境、历史人文为主线，阐述地球演化、丹霞地貌的研究和发展、丹霞山独特的生态环境和历史人文等内容。通过游览丹霞山博物馆，初步了解丹霞山，寻找镇馆之宝，并完成挑战任务。

⏱ 时长

1.5～2.5小时。

📍 研学地点

丹霞山博物馆。

▲ 丹霞山博物馆科普展厅（摄影：黄玮 彭宏浩）

第 ❷ 课 寻找镇馆之宝

研学知识点：镇馆之宝

博物馆的"镇馆之宝"通常是那些最珍贵、最重要、最具代表性或最引人注目的藏品，它们有独特的历史、文化、科学或艺术价值，能吸引大量观众。这时，你可能想到的是湖北省博物馆的礼乐重器曾侯乙编钟、北京故宫博物院的传世名画《清明上河图》、甘肃省博物馆的青铜艺术奇葩铜奔马。其实镇馆之宝有时候不只是实物展品，还可能是一种历久弥新的精神——科学家精神。丹霞山博物馆的"丹霞地貌百年科研历程展"便充分展现了这种精神。

丹霞地貌百年科研历程展以习近平总书记"以史为鉴，牢记使命"的殷切嘱托开篇，全景式地介绍了一个从丹霞山诞生的地貌名词——丹霞地貌，经过百年来四代学者的艰辛努力，终于将其推向了世界，彰显了中国智慧。

在近百年前的1928年，冯景兰到丹霞山附近进行调查工作，已经意识到这是一种之前没有被定义过的地貌类型，主要形成在红色的地层上，而这种红色地层在丹霞山地区最为典型，于是将这套地层命名为"丹霞层"，从此丹霞山的"丹霞"二字进入地球科学领域。时间来到1939年，陈国达第一次使用"丹霞地貌"的概念，从此一个全新的地貌名称诞生。如果之前丹霞地貌还只是一个骨架，那么后来吴尚时和曾昭璇对丹霞地貌的系统研究，就是让丹霞地貌成为有丰富骨血的地貌。在大半个世纪中，黄进克服万难对全国超过900多处丹霞地貌开展了实地考察，带动了全国范围内的研究工作。进入新世纪，彭华矢志不渝地推动丹霞地貌的研究，让中国的丹霞成为世界的丹霞，终于让全世界都使用汉语拼音（Dānxiá）发音的名称描述世界上和丹霞山相似的地貌景观，也让丹霞山因丹霞地貌命名地而蜚声世界。

丹霞地貌的研究历程自丹霞山起，又在丹霞山不断地创造研究新高度。丹霞地貌的研究历史很短，短到只有数千字；丹霞地貌的研究历史又很长，长到每一行字的背后，都是我国地质学家跋山涉险、殚精竭虑的数年艰辛。

在丹霞山博物馆寻找镇馆之宝的经历，我们也许没有像在游览其他博物馆一样在光影交错中触摸到中华文化的博大精深，在流光溢彩间惊叹古人的高超技艺，在画轴书卷中体会无穷的艺术魅力，但在丹霞山博物馆，一部中国近代科学史的缩影——丹霞地貌的研究历史，从你身旁流淌而过。在这里，我们正站在丹霞地貌的起点，循着地球上一类最精彩地貌类型的科研历程，看科学研究的传承、发展和创新，汲取体现着几代人锲而不舍和百折不挠的科学精神，感受科学的无穷魅力。

所以，丹霞山的镇馆之宝是什么？是一粒来自丹霞山的种子，一粒会在青少年心中生根发芽、长成参天大树的科学种子。

👍 挑战任务

● **寻找镇馆之宝**

丹霞山博物馆内有非常多的馆藏珍品，其中有一些是极其珍贵的藏品。通过游览和学习，你认为哪一件藏品最有价值、最能吸引你？通过文字、绘画等方式记录下来，并说出你选择它的原因。

● **我是讲解员**

为你最喜欢的藏品写一段讲解词，并以讲解员的身份，讲给老师、同学或其他游客听吧！

> 能量补给站

红石头的故事

研学导师 余东亮

（荣获2022年全国自然科普讲解大赛二等奖）

扫码听故事

你相信有时光穿梭机吗？今天将给大家带来一个穿梭古今的时光机器，它将为我们讲述一亿多年的故事。

这个故事要从1928年说起，一位留洋归来的青年学者，途经一片红色的石头山群，感到惊奇。可当他抬头看向天上的霞光时，哦，这不就是掉落到地上的云霞吗？他用这里的地名——"丹霞"二字命名了这片红色的地层。由此，丹霞——这个形容霞光曼妙的词语，在诗词世界里闪耀了1000多年后，进入了地球科学领域。他是谁啊？他就是中国科学院院士——冯景兰先生。

后来又经过了中国学者近百年的研究，丹霞地貌成为全球有陡崖的陆相红层地貌的典型代表，也成为国际上少有的以中文发音的地学名词。

那这霞光般璀璨的红石头，又是如何落在了这片土地上的呢？时间回到6500万年前，全球的地形地貌正在面临一次全新的塑造。世界第一高峰——珠穆朗玛峰才刚刚开启了世界之巅的征程。喜马拉雅造山运动一股持续而缓慢的力量，将这片巨厚的红层从地下深处唤醒，抬升到高处，冰霜雨雪无孔不入，自然的凌厉、肆意打磨，才成就了这一片独特红色群峰。

而在更遥远的一亿多年前，丹霞可还不是这样的。那时的陆地上还到处是恐龙的身影，这里也还只是一个巨大的内陆湖盆，犹如今天的贝加尔湖，接受着一次又一次的沙石填充。在暗无天日的地下，温度越来越高，压力越来越大，所有的沙石胶结在一起，铁被氧化，颜色变成了红色，没错，原始红色的地层才刚刚形成。

时间来到了2010年8月2日的凌晨，这是一个值得所有中国人铭记的时间，几个丹霞人在巴西街头，欣喜若狂地将藏在口袋、满是折痕的八个中文字展开——中国丹霞申遗成功。

人类的文明源自对自然的敬畏，世界自然遗产的成功申报，将丹霞地貌这一独特的景观，永恒地镌刻在了《世界遗产名录》上，六处精妙绝伦的遗产地，展现了丹霞地貌高原峡谷的青年形象、峰林峰簇的壮年景观，以及孤峰挺立的老年形态。

可这也仅仅只是丹霞地貌这本巨厚教科书的目录而已，如果你想深入了解丹霞地貌、了解中国丹霞、了解更多的红石头故事，欢迎您来丹霞山找我，我是丹霞山的一颗红石头。

最后，希望我们中国的自然科普事业，也如同丹霞璀璨的霞光一般，红红火火，照耀每一个自然科学的爱好者。

丹霞山青少年研学手册

第 3 课
层岩尽染读天书
——锦石岩（1号线）研学课程

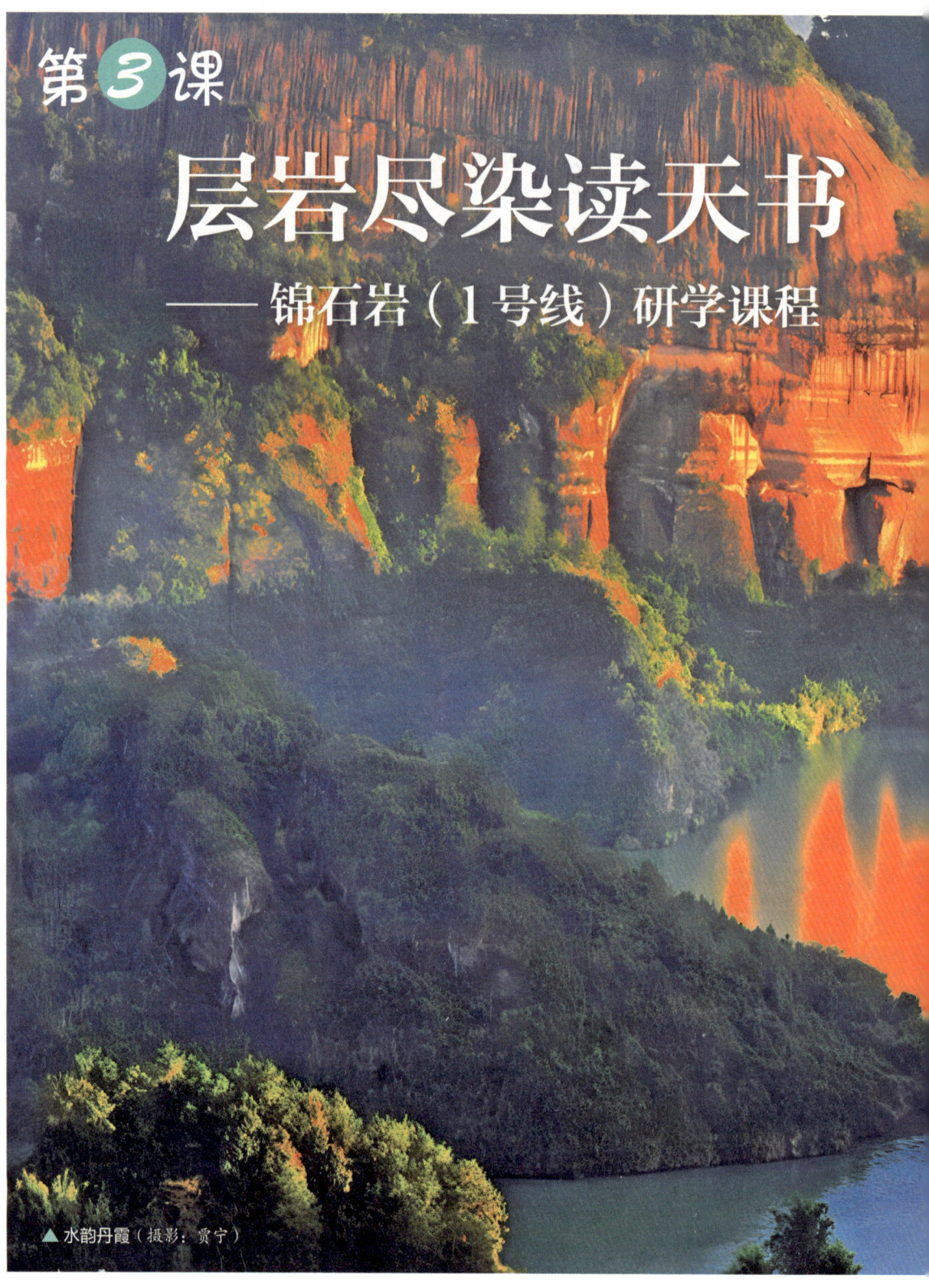
▲ 水韵丹霞（摄影：贾宁）

第 3 课　层岩尽染读天书——锦石岩（一号线）研学课程

课程简介

在本条路线我们将欣赏到船头石、梦觉关大型蜂窝状洞穴、崩积岩块与流水冲刷形成的幽洞通天、百丈峡巷谷地貌、古沙波痕、赤壁丹崖、马尾瀑布，还有被称为丹霞山六大奇观之一的龙鳞片石。沿线亦可见十分丰富的人文景观，其中"锦岩""梦觉关"等摩崖碑刻记录了锦石岩寺的千年发展史。

图例
- 路线
- 海拔
- 自然景观
- 远处景观
- 人文景观
- 服务点
- 卫生间
- 码头
- 起点
- 终点
- 村庄

龙鳞片石 终
锦石岩寺
百丈

赤壁丹崖　马尾瀑布　龙鳞片石 终　祖师岩　千圣岩　古沙波痕　百丈峡　古沙波
锦岩摩崖　　　　　　　　　　　　　　　　　　　　　　　锦石岩寺　普同塔
观瀑亭

1300　　1170　　1040

46

时长

约4小时。

研学路线

锦石岩寺入口牌坊→船头石→错落岩块→梦觉关→幽洞通天→百丈峡→古沙波痕→锦石岩寺→赤壁丹崖。

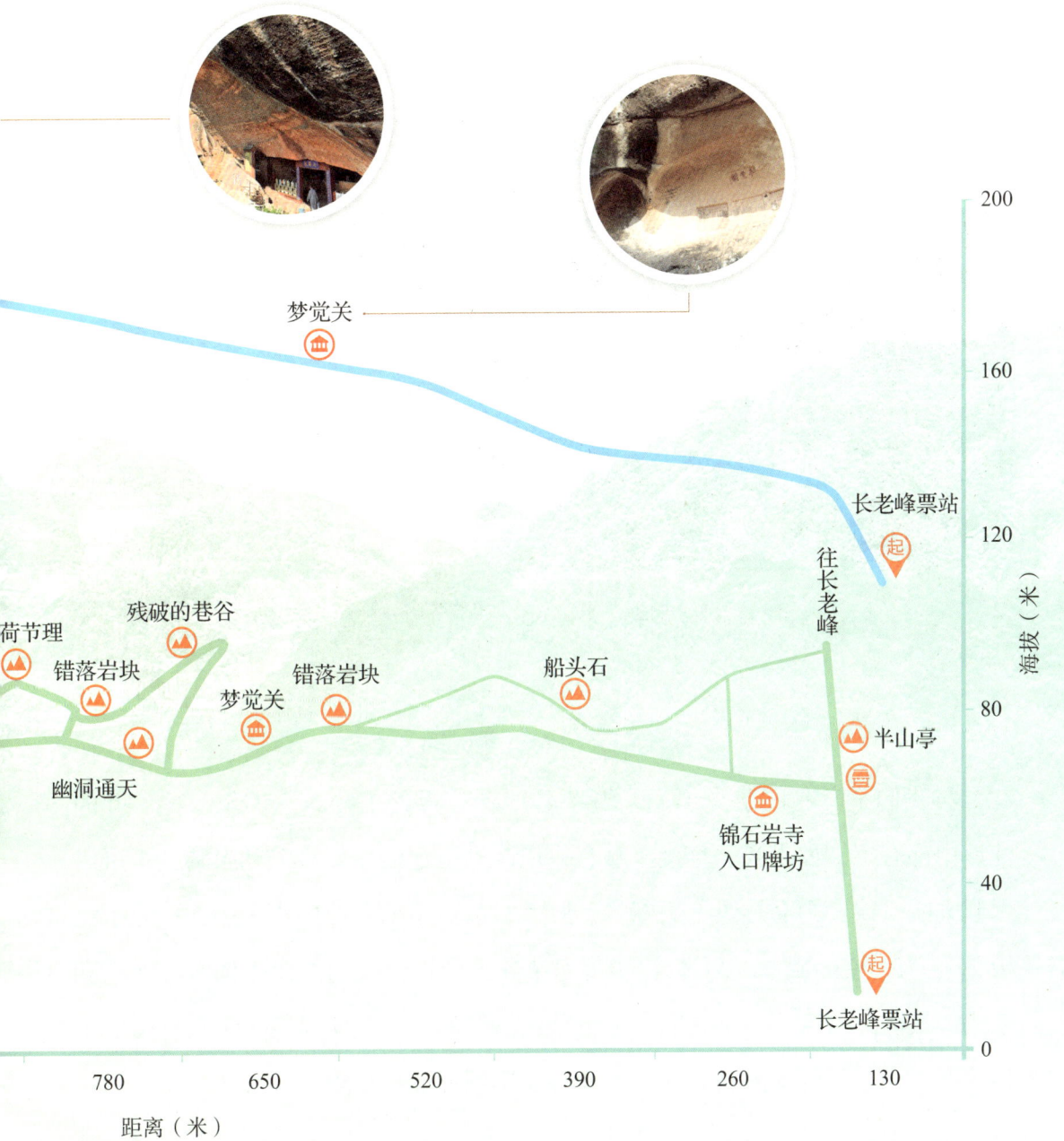

研学知识点1：海芋群落

在1号线的沿途步道边，我们可以看到很多举着椭圆形大叶子的植物，这就是海芋。海芋喜欢在潮湿温暖的环境里生长，在丹霞山崖壁边的低洼处，我们常常可以看到它们的身影。

▲ 海芋

小贴士

嘿！小伙伴们！
在野外探险的时候，
千万不可以随便触摸，
更不可以吃哦！
别好奇，别冒险，
不然可能小命不保哦！

与我们平时吃的芋头不同，海芋是一种有毒的植物。它的根、茎、叶的汁液中都有毒，如果我们直接接触它，皮肤会引起瘙痒，接触到眼睛甚至可以引起失明，误食则会导致舌头麻木、肿大，甚至中枢神经中毒。因此，海芋也被称为"广东狼毒"。为了防止误食海芋导致中毒，我们需要正确区分海芋和芋头。最明显的区分在于它们的地下茎：海芋的地下茎明显更为细长，类似于根状茎，而芋头的地下茎呈球形、卵形、椭圆形或块状等，是块茎。

▲ 海芋研学考察

▲ 海芋叶子上的"洞"

挑战任务

（1）海芋的叶子上都有很多圆圆的"洞"，这些"洞"到底是怎么来的呢？仔细观察叶子上的蛛丝马迹，开动你的小脑筋，发挥你的想象力，把原因写下来吧！

（2）海芋属于天南星科海芋属。在天南星科中有很多与众不同的神奇植物，比如巨魔芋，它开花的时候会以散发出臭味和花序增温的方式来吸引传粉者到来，海芋会不会也有这样的现象？快去查一查，写出你的答案吧！

你知道吗？植物的地下茎有四种不同类型，像竹子，它的地下茎是根状茎，土豆是块茎，洋葱是鳞茎，荸荠则是球茎。那么，我们在生活中还见到过哪些不同种类的地下茎呢？一起想一想，写一写吧！

▲ 竹子　　　　　　　　　　　▲ 土豆

▲ 洋葱　　　　　　　　　　　▲ 荸荠

植物的地下茎调查记录表

序号	根状茎	块茎	鳞茎	球茎
1				
2				
3				
4				

研学知识点2：船头石

船头石是由砂岩和砾岩岩层交互形成的、形似船头的巨岩崖壁。虽然船头石出露面积不大，但能明显地反映丹霞地貌的岩石组成与地貌形态。在由节理破坏形成的断裂面上，我们可以看到清晰的沉积层理，这是沉积岩最明显、最直观的野外识别标志。

挑战任务

是时候展示一下你的绘画功底啦！在下方图框中，画出船头石的素描图吧！

▲ 船头石（摄影：陈留勤）

研学知识点3：梦觉关

在这条蜿蜒的山路上，我们朝着锦石岩寺的方向前行。突然，我们发现一片有着众多大小不一洞穴的崖壁，主洞的形状大致呈三角形，高约2米，长6米，进深2.5米。在主洞周围，还有一系列直径从数十厘米到1米不等的圆形洞穴。这里就像外星人的基地，充满了神秘感。在崖壁上还刻着三个大字——梦觉关。

▲ 梦觉关

丹霞山地区自古以来便是岭南的宗教圣地，早在秦汉时期就有人在此修行。北宋崇宁年间（1102—1106年），法云居士云游至丹霞山，被这里的赤壁丹崖和奇峰异洞所吸引，上观峥嵘赤壁的奇异怪石，下览碧玉般江流的宁静深窦。他深感此处正是修行宝地，于是召集百余名志同道合的修行者，将一处大型洞穴开辟为供奉佛祖的寺庙，即今天我们所见到的锦石岩石窟寺。在建设锦石岩石窟寺的过程中，法云居士在这个不大的洞中蛰居悟禅，发出"半生奔波如梦幻，今日方觉此清虚"的感叹。后人根据他的感叹将该洞取名为"梦觉关"。

▲ 梦觉关研学考察

👍 挑战任务

（1）数一数，这里有多少个洞穴？分析一下这些洞穴的形成原因，并寻找相关证据，你可以用文字、拍照或画素描图的形式来记录你的发现。

洞穴调查记录表

洞穴序号	规模（大、中、小）	形成原因	证据
1			
2			
3			
4			
……			

（2）在梦觉关附近，我们发现了一个特别有趣的地质现象：上半部分的岩层居然像犬牙一样深深地扎进下面的岩层中，在地质学上，称这种构造为泥裂。

▲ 泥裂剖面形态

▲ 泥裂平面形态

平面上，泥裂呈现出干涸河床的形态，而此处展示的则是剖面上泥裂的样子。那么问题来了：

1）看一看，量一量泥裂的宽度。你会发现泥裂的上部和下部宽度并不一致，大部分是上部（　　　），下部（　　　）。

2）想一想，地质学家是怎么根据泥裂宽度来判断地层沉积后有没有发生翻转的呢？

3）说一说这段地层在沉积过程中究竟发生了怎样的故事呢？

注：泥裂平面形态非丹霞山地质现象，仅供参考。

研学知识点4：浸碧浮金

走向锦石岩寺的途中，眼前的风景千变万化，引人入胜。当我们快到锦石岩寺时，眼前会出现一处大型蓄水池。在水池上方，"浸碧浮金"四个大字刻得遒劲有力，仿佛在向我们讲述着一段古老而神秘的故事。

▲ 蓄水池及上方的"浸碧浮金"石刻

丹霞山的裂隙系统非常发达，有构造成因的裂隙，也有风化成因的裂隙。雨水会沿着各种裂隙向下渗透，如果没有隔挡层，裂隙水会迅速向下扩散流失；如果遇到了透水性较差的泥质岩石，水便聚少成多。在"浸碧浮金"之上的砾岩中存在大量裂隙，它们共同构成了一个导水系统。"浸碧浮金"周围的岩层多为泥岩，具有良好的隔水性能。因此，沿着裂隙下渗的水会沿着这层泥岩流出，正好储存到下方的蓄水池中，这些水正是锦石岩寺最重要的水源。

在"浸碧浮金"的石刻旁边，我们看到了三个字——"喷王泉"。这个"王"字确实让人感到有些奇特，因为它的那一点竟然在上面。然而，这并不是古人写错了字。相反，这正是古人在寓意这蓄水池中的泉水其实是从上面来的。

 挑战任务

在这个地方，还有一个特别神奇的地质构造——波痕。它就像是大自然的指纹，大家快来找一找，然后把它画下来吧！也许你会成为下一个发现大自然秘密的小小探险家哦！

研学知识点5：锦石岩寺

　　锦石岩寺所在的区域是丹霞山地质地貌表现最典型、最丰富的区域，也是丹霞山开发最早的洞穴群之一。

　　锦石岩寺在唐末五代时期已有僧人居住。北宋法云，明代清行、贞一、憨山、通炯，清代天然、澹归、成鹫等高僧相继在锦石岩寺一带修行。随着大批客家人逾岭南来，仁化一带的人口开始大幅度地增长，这也加速了锦石岩寺一带的发展。

▲ 锦石岩寺（摄影：刘加青）

研学知识点6：龙鳞片石

锦石岩寺最里面的龙王岩内壁生长有一条四时变色的龙鳞片石，这一奇观吸引了当时的人们前往参观和祈福，以致在大旱之年，当地官府常常派人前来祈雨。仁化本地人蒙天民曾在《锦石岩龙王灵感记》中记述了南宋淳熙壬寅(1182年)重阳前五日祈雨得雨的经过。

之所以称为龙鳞片石，如我们所看到的，一个个小型蜂窝状洞穴好似巨龙的鳞片，这些酷似鳞片小洞穴的成因主要是差异风化形成。但是，在锦石岩寺大雄宝殿内不存在风雨侵蚀，也不存在明显的化学作用，这又如何形成的呢？近年来有一种观点认为龙鳞片石是岩石孔隙中盐类物质规律性结晶-溶解造成的；生物学家还观察到一种很小的土蜂生活在这些小小的洞穴里。它们是后来的寄居者还是洞穴的开凿者，大家可以观察后得出自己的结论。

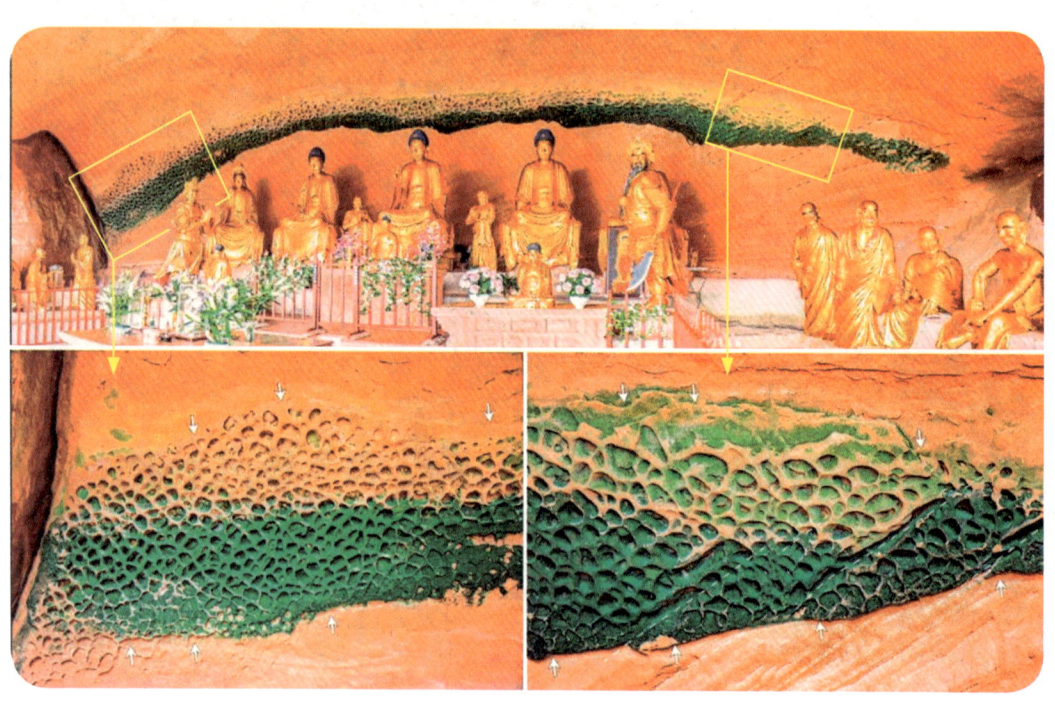

▲ 龙鳞片石

挑战任务

龙鳞片石为什么会四时变色？

 研学知识点7：赤壁丹崖

我们沿着锦江公路步行，在途经锦石岩的赤壁根部时，一片壮观的红色大崖壁映入眼帘，这正是赤壁丹崖！古称锦岩，俗称锦石岩大崖壁，是丹霞山最重要、最醒目的地貌景观之一。

▲ 赤壁丹崖研学考察

赤壁丹崖是丹霞地貌最突出的特征。这片位于锦石岩寺附近的赤壁丹崖，规模最大、特征最为典型。崖顶与江面高差近200米，岩石露头新鲜，表面未被风化物遮盖，粉色砂岩和灰色砾岩交互沉积，形成粉橙色层流的崖壁，长约400米。

欣赏这片赤壁丹崖，有三个绝佳的观赏视角——

▲ 赤壁丹崖（摄影：刘加青）

远眺：从阳元山顶的嘉遁亭远观，可看到长老峰和赤壁丹崖的全貌。

中览：从锦江乘船顺流而下，可以在行进中由远及近欣赏赤壁丹崖的壮美景色。

近看：从景区公路步行到崖壁之下，可以发现沿大崖壁出露的红色砂岩与砾岩层在垂直方向交替出现，甚是令人叹为观止。

挑战任务

（1）你用放大镜看一看，用手摸一摸，感受一下大崖壁上岩石颗粒大小的变化，再根据下图的提示，在下方横线处写出砂岩和砾岩的区别。

地质锤

罗盘
放大镜

▲ 地质三件套

（2）你发现砂岩与砾岩在有规律地相间排列，那这是为什么呢？它又向我们反映了什么呢？

▲ 大崖壁上的层理（摄影：顾丽娟）

（3）远看一下，你会发现岩层中自右上方到左下方排列着细细密密的淡红色纹层。这些柔美又复杂的线条，其实就是岩石中的层理。查阅有关资料，写出地质学家是怎么根据层理来判断岩石的形成环境的。

研学知识点8：马尾瀑布

▲ 马尾瀑布（摄影：曾明）

如果是在雨后游览丹霞山，我们将有机会欣赏到著名的马尾瀑布。当我们沿着锦江公路，从索道站出发，走向大崖壁时，潺潺的水声将逐渐传入耳中。最终，我们会看到一条美丽的瀑布从山崖上悬挂而下，飞溅的流水直落上百米，犹如一匹骏马的尾巴，因此得名马尾瀑布。

虽然瀑布景色优美，但在丹霞山已开放的景区内，仅有间歇型瀑布。这是因为在景区内，由于地壳运动和地表流水的侵蚀作用，山体被分割成许多独立的山峰。这些山峰的顶部面积较小，且泥土层较薄，因此很难形成持续的水源。此外，大部分山峰的裂隙将地表流水引向不同的方向，导致水流无法汇聚形成瀑布。即使在雨后，丹霞崖壁上会出现许多纵向水流，但它们往往很快就会消失，因此很难形成持久的瀑布。

大家眼前的马尾瀑布，源自长老峰——丹霞山最大的独立山体。长老峰的主山顶面积相对较大，而在海螺峰与宝珠峰之间有一条巨大的裂隙，在长年的流水侵蚀作用下，形成了一个三面高、一面低的"漏斗状"凹坑，面积约为15万平方米，凹坑周围生长了大量高大的松树，因此称其为松树坳。每当大雨过后，山顶的雨水除了少量被植被截流外，大部分都会汇于松树坳，之后从锦石岩大崖壁的豁口处倾泻而下，形成了壮观的马尾瀑布，这为赤壁丹崖增添了灵性和动感。同时，赤壁丹崖也为马尾瀑布增添了变幻无穷的色彩。因此，可以说马尾瀑布是赤壁丹崖上流动绽放的一束"水花"。

挑战任务

（1）能否说出一些有关瀑布的诗句，尤其是可以用来描述马尾瀑布的？

（2）总结一下瀑布的形成条件，根据这些条件来想象并画出马尾瀑布周围的地势图？（提示：水流突遇陡崖、落差大、水源丰富稳定）

（3）你可以描述一下马尾瀑布的过去和将来吗？

研学知识点9：沿途常见的动植物

橄榄

橄榄是一种橄榄科橄榄属、高达35米的高大乔木，其小叶通常为3～6对，初夏时开花，果实在秋冬季节成熟。橄榄原产自中国南方地区，是一种很好的防风树种和行道树。新鲜的橄榄果可以以口含、咀嚼、煲汤等多种方式食用，味道甘酸。然而，我们平时食用的橄榄油其实与橄榄并没有直接的关系。实际上，橄榄油是由木犀榄产出的。木犀榄是一种木犀科木犀榄属常绿小乔木植物。

▲ 橄榄果及植株

韩信草

韩信草是一种多年生草本植物，具有较高的观赏价值，通常用于盆栽和花坛栽培。由于其果实下凹，类似于耳勺，因此也被称为耳挖草。韩信草还是一种用途较广的中草药，具有清热解毒、活血止痛、止血消肿的功效。相传，汉朝名将韩信在长年征战中，经常命人用这种草治疗士兵的刀伤，并有奇效，后人便将这种草命名为韩信草。

▲ 韩信草

丹霞小花苣苔

丹霞小花苣苔是一种多年生小草本植物。其叶生长在基部，茎呈圆柱状，花序聚散分布，苞片边缘的中上部有小而锐利的齿。这种植物仅分布于丹霞山的局部区域，是丹霞山的特有物种，同时也是丹霞山亟待保护的珍稀濒危物种。

▲ 丹霞小花苣苔

蒙瘤犀金龟

蒙瘤犀金龟是一种鞘翅目犀金龟科的大型甲虫，体长32~52毫米。雄虫前胸背板前部呈现一个斜坡的形状，后部则强烈隆起形成瘤突。虽然看起来甲虫很霸气，但它们更适合吃流食，特别喜爱吃比较甜一点儿的水果。

▲ 蒙瘤犀金龟（摄影：陆千乐）

泛光红蝽

泛光红蝽是一种半翅目昆虫。身体呈窄椭圆形，体长为11~16.50毫米，淡红色，在阳光的照耀下金光灿灿，非常漂亮。它们主要以危害植株的害虫为食，因此被人类称为益虫。在丹霞山，我们发现泛光红蝽特别喜欢吃蜗牛的汁液，是蜗牛的天敌。

▲ 泛光红蝽（摄影：任磊）

丹霞山的昆虫多种多样，目前已经发现1726种，有尺蠖、叩甲、桑天牛等，其中还包括三种国家二级重点保护野生动物，分别是阳彩臂金龟、金裳凤蝶和叶䗛（若虫）。

▲ 尺蠖

▶ 桑天牛

◀ 叩甲

> 挑战任务

▲ 短尾鸦雀和丹霞山刚竹的共生关系

丹霞山刚竹是华南植物园科研团队在丹霞山发现的一个新物种。这种竹子个头不高，但枝条柔韧，为国家二级重点保护野生动物短尾鸦雀提供了理想的栖息环境。中山大学野生动物研究学者王英永教授在丹霞山调查时，发现了短尾鸦雀和丹霞山刚竹之间的共生关系。短尾鸦雀喜欢站在丹霞山刚竹的枝梢，用喙剥食刚竹嫩芽，只要有丹霞山刚竹分布的地方，你就有可能看到短尾鸦雀的身影。短尾鸦雀在全国较难拍摄，因此，丹霞山成了全国鸟类爱好者前来观察和拍摄短尾鸦雀的热门地点。另外，丹霞山的丹霞梧桐树上常常栖息着大量红嘴蓝鹊，梧桐种子是它们喜欢吃的食物。

在大自然中，物种与物种之间共生共存的现象还有很多，你所观察到的可能远远超过我们所记录的，请你也记录下自己观察到的共生现象，与我们分享你对大自然的发现与感悟。

> 能量补给站

● 万古丹霞如何演化而来？

我们总惊叹于大自然的鬼斧神工，却对这神奇过程背后的故事知之甚少。就像所有美好的事物都需要时间的积淀一样，丹霞山的"雕琢"过程也是如此。以下是科学家根据已有的地质地貌研究结果推测的丹霞山地区地质演化和地貌形成过程。

在1.4亿~6600万年前，古太平洋板块向欧亚板块俯冲，导致中国东部发生大规模的造山运动。在这个过程中，丹霞山地区下降，成为南岭中的一个山间断陷盆地，称为丹霞盆地。来自周围山体中的地表水携带大量泥砂、砾石一层层堆积在盆地中，经历数千万年的沉积、压实、胶结后，在盆地内形成近4000米厚的沉积层。

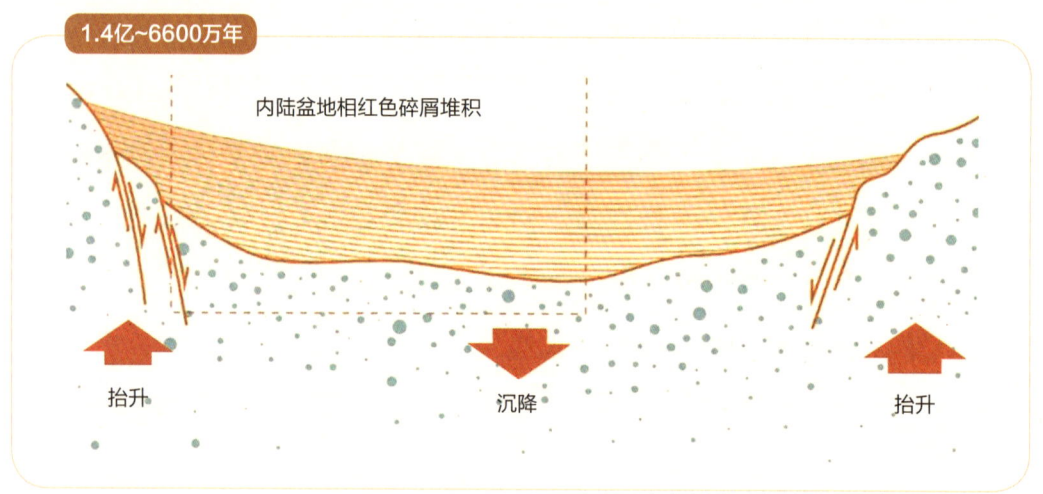

在6600万~2000万年前，丹霞盆地断块受地壳运动影响，抬升为丹霞红层高原，与此同时，形成了众多断层和节理。流水沿着断层和节理开始侵蚀岩石，伴随着风化和崩塌，红层高原逐渐被削低。

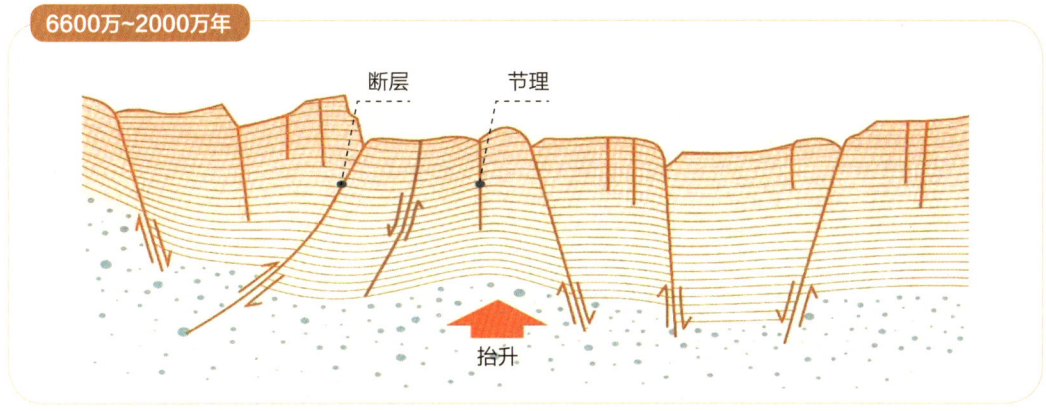

在1000万~500万年前，红层高原被侵蚀成准平原。

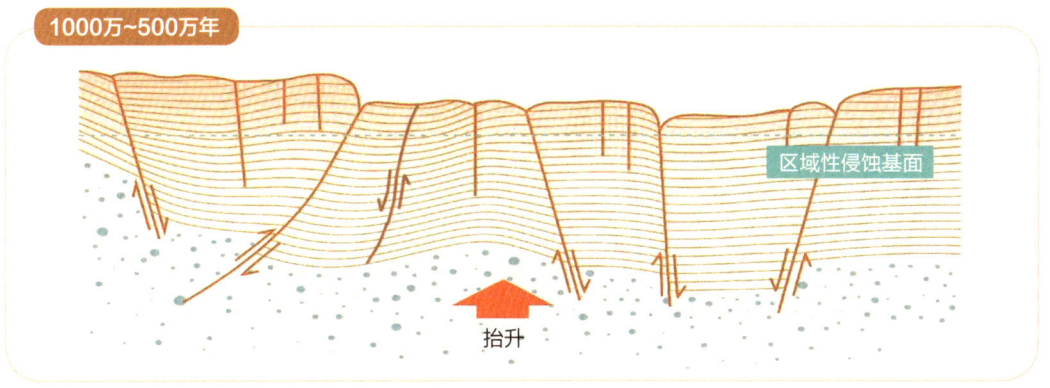

200万年以来，受新构造运动影响，丹霞盆地间歇抬升，沿着断层和节理面不断地被侵蚀，形成现在错落有致的群山景观，以及造型独特的单体景观。这是最终成为丹霞地貌的重要阶段。

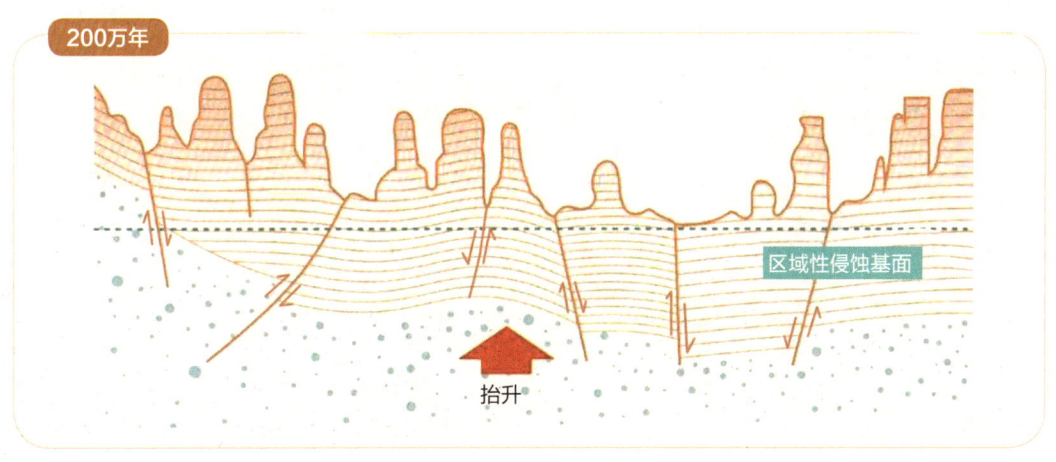

第 4 课
美不胜收登高处
—— 长老峰（2号线）研学课程

第 4 课 美不胜收登高处——长老峰（1号线）研学课程

▲ 丹霞旭日（摄影：刘加青）

71

课程简介

本次课程主要为晨观日出,昏赏晚霞,夜观星宿,让我们全方位地领略丹霞山的壮美风光。本次课程提供了不同的游览参观方向和路线选择:如果选择步行上山,我们将从长老峰入口开始,经过半山亭、摩崖石刻、别传禅寺、御风亭、丹梯铁索、观日亭,再沿着山顶的道路参观雪岩、海螺岩、晚秀岩、螺顶浮岩、虹桥、松树坳、片鳞岩、宝珠峰、韶音台、舵石等。如果选择乘坐索道上山,我们将在山顶路线游览完毕后,沿西侧的丹梯铁索去别传禅寺,或沿东侧的丹霞栈道经过福音峡去别传禅寺。之后,我们将反方向沿着第一条道路下山。无论选择哪种方式游览,都将在丹霞山的美景中流连忘返,感受到大自然的鬼斧神工。让我们一起出发吧!

图例:路线 海拔 自然景观 远处景观 人文景观 服务点 卫生间 码头 起点 终点 村庄

第4课 美不胜收登高处——长老峰（2号线）研学课程

🔍 **时长**

2~4小时。

📍 **研学路线**

长老峰票站→半山亭→摩崖石刻→别传禅寺→丹梯铁索→海螺岩→晚秀岩→水帘岩→火烧岩→虹桥→松树坳→状元岩→片鳞岩→龙王泉→韶音台→舵石。

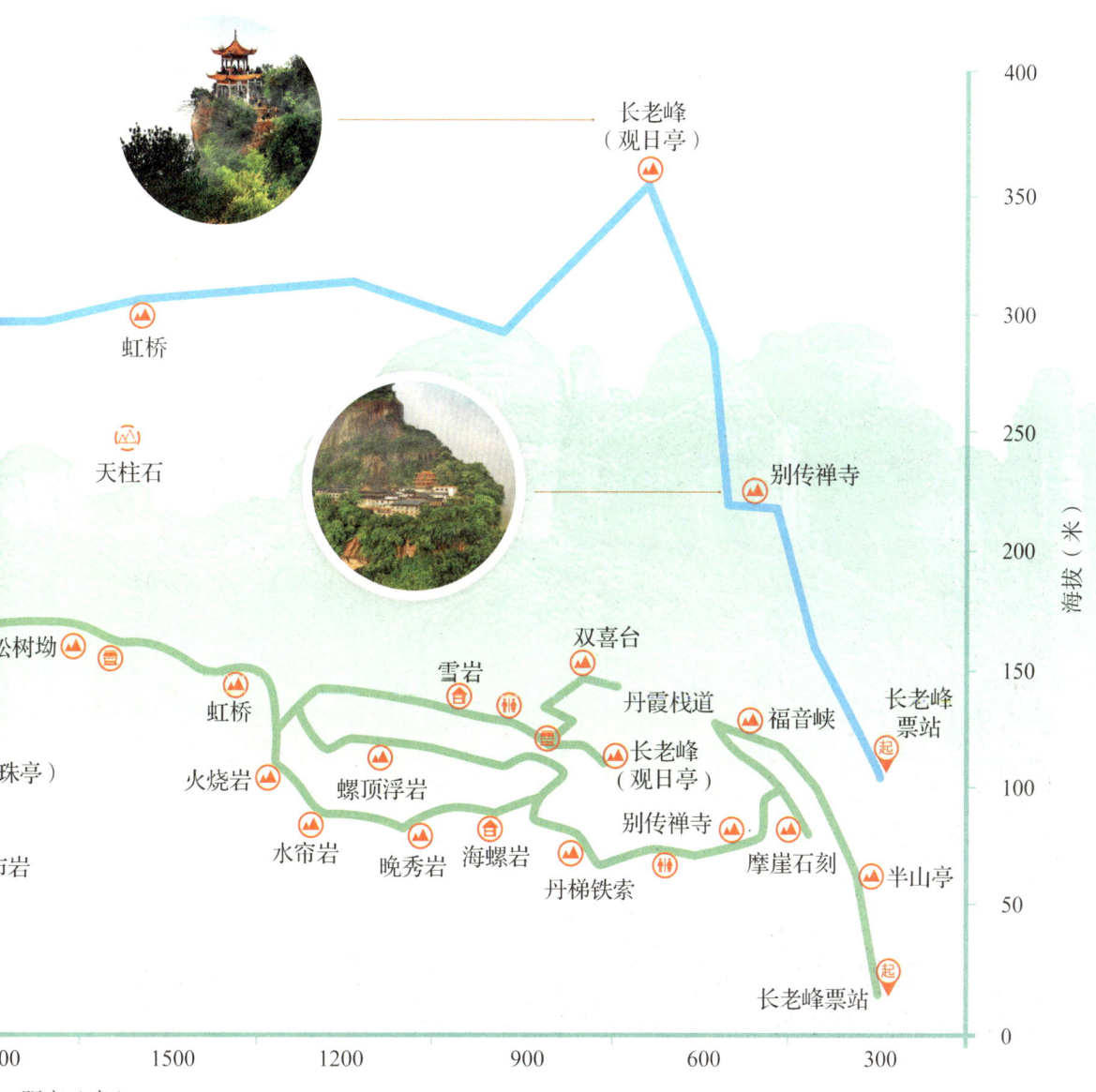

73

研学知识点1：摩崖石刻

  丹霞山不仅景色优美，还有悠久的历史和丰富的文化古迹。无论是散布于古建筑上的楹联匾额，还是集中在长老峰景区的上百处精美石刻，漫步在长老峰山路间，犹如走进了中国的书法博物馆，沿途崖壁上的石刻都是文化艺术的精品，更是记载了丹霞山的历史兴衰。这些石刻大多雕刻于宋朝到民国期间，如南宋赵汝耒书刻于锦石岩寺大雄宝殿左侧石壁上的"锦岩"二字，宽3.6米，高2.16米，这是锦石岩最大的摩崖石刻。在别传禅寺山前的紫玉台一带，你可看到大量精美的石刻，如"丹霞""法海慈航""诞先登岸""禅林第一""红尘不到""赤城千仞""耸秀争奇"等，以及上千字的"丹霞山记"等。在别传禅寺后的丹梯铁索一带，还有"呼吸通天""百尺竿头""宜若登天"，以及长老峰最大的单体摩崖石刻"别有天"。

▲ 锦岩——锦石岩最大的摩崖石刻

▲ 摩崖石刻研学考察

 挑战任务

丹霞山摩崖石刻调查记录表

记录人：				时间：			
名称	地点	年代	字体	刻制方式（阴刻/阳刻）	保存状态	所刻岩石类别	备注
1							
2							
3							
4							
5							
6							
7							

研学知识点2：别传禅寺

相传，明末遗臣原江西巡抚李永茂反清复明失败后，与其弟李充茂用100两白银买下了丹霞山隐居。经过多年营建，把这里打造成了躲避战乱的世外桃源。李永茂去世后，其弟李充茂于1662年把丹霞山交给了因反清复明不成而出家的澹归法师（1614—1680年），在长老峰下开始兴建别传禅寺。别传禅寺建成之初，澹归法师把他的师父天然法师请来当首位住

▲ 远眺别传禅寺（摄影：邓焱萍）

持,四年后,澹归法师继任住持。在天然、澹归两位法师及其弟子们的苦心经营下,别传禅寺鼎盛兴隆,一时成为岭南后起之佛门圣地,与位于韶关市曲江区的南华寺和乳源瑶族自治县的云门寺并称"粤北三大丛林"。

此后100余年,来这里修行的僧众和设庐隐居的明末遗老达数百人之多,周边的文人雅士、香客信徒也纷纷前来慕名朝拜,石壁岩檐、井泉供桌、墓庐碑刻,都留下许多佛禅文化的遗迹遗存。

研学知识点3：海螺岩

若从观日亭下山向北走约150米，我们会看到一座山峰的崖壁就像是一个海螺向外凸出，因此这座山峰称为海螺峰。海螺峰与宝珠峰、长老峰是连体山峰，构成了雄伟的丹霞山主峰。海螺峰崖壁下方有一个天然岩洞，称为海螺岩。澹归大师就葬于此处。

▲ 海螺岩

 挑战任务

（1）拿起你的放大镜，仔细观察崖壁上的岩石颗粒并用手轻轻触摸以感受其大小。按照粒径，可以把它们分为不同的类别。

岩石调查记录表

名称	粒径（毫米）	岩石命名	抗风化能力
1			
2			
3			

（2）通过观察和分类，你认为海螺岩下部为什么有软岩凹进的现象呢？

（3）海螺岩的表面似乎呈现出一种层状的螺纹形态，那么这些螺纹是如何形成的呢？

（4）崖壁上发育了一条裂隙，观察岩石表面会有水流的痕迹，水流会发挥什么作用？

研学知识点4：晚秀岩

从海螺岩出发，继续向北，在不到100米的地方，便是晚秀岩。沿途我们可以看到壮观的卸荷节理和大量的崩塌岩块。此处有约2米厚的泥岩和泥质粉砂岩，它们是在水动力条件很弱的环境下沉积形成的。与上覆厚层砂砾岩相比，这层泥岩和泥质粉砂岩属于软岩，易于风化，因而形成凹进且扁平的洞穴，即晚秀岩。

晚秀岩海拔较高，开口向西，每到傍晚时分，晚霞可映进洞穴并呈现出奇秀景观，因而得名晚秀岩。如果从洞中向外观察，会有另一番风景。

▲ 晚秀岩研学考察

研学知识点5：火烧岩

继续向北，紧邻着晚秀岩的是火烧岩，洞高约20米，长60米，深5～10米。每到傍晚时分，晚霞与红色的洞壁交相辉映，呈现出如火烧般的灿烂景象，故名火烧岩。在这里，我们可以清晰地看见三层薄层泥质岩，由于泥质岩更容易被风化而向内部凹进，导致上部岩石失去支撑而产生崩塌，从而形成了大型的额状洞穴，即火烧岩。

▲ 火烧岩研学考察

挑战任务

走到这里，我们发现丹霞山有众多的山峰、怪石和岩洞，它们在当地都有着不同的名称。

大型突起的地貌单元被称为"山"，例如＿＿＿＿＿＿＿＿＿＿；

顶面积较大、四周为断崖峭壁的方山被称为"寨"或"峰"，例如＿＿＿＿＿＿＿＿＿＿；

顶面积很小的山块被称为"石"，例如＿＿＿＿＿＿＿＿＿＿；

比"石"稍大的山体被称为"岩"，注意在丹霞山地区，"岩"更多用来指山洞或石窟，例如＿＿＿＿＿＿＿＿＿＿。

研学知识点6：雪岩

若从观日亭下山向东走，我们看到的第一个大型岩洞，便是雪岩。雪岩位于海螺峰东侧的基部，因其崖壁上白色的钙华沉淀如雪，故名雪岩。雪岩的形成原因与其他大型扁平洞穴一样，都是较软的粉砂岩层经过风化形成凹槽，并进一步加深而成洞。在明末崇祯年间，雪岩曾被开辟为佛寺，民国后期荒废，是古丹霞十六景之一。目前，雪岩寺已被列入广东省重点文物保护单位。

雪岩洞口高7.7米，洞深9.4米，洞的内缘高3.6米。在洞的上部崖壁上，分布有大量的蜂窝状风化洞穴。

▲ 雪岩

研学知识点7：片鳞岩

从宝珠峰出发，在去往韶音台的路上，我们要先后经过片鳞岩和龙王泉。

片鳞岩是一处由风化作用形成的扁平岩洞，长30余米，进深3～5米，高度变化大，洞口最高3米，洞最内侧呈梯形，平均高约1.5米。此处有大量人工修整开凿的遗迹。

片鳞岩得名有两个说法：一是洞顶有大量小型蜂窝状凹穴，且不断出现鳞片状风化；二是洞口的大型蓄水池反射阳光至洞顶，呈现出波光粼粼的景象。片鳞岩洞口宽阔，面朝正东，可观赏僧帽峰等东部群峰的美景。片鳞岩的原主人寄云山人在岩洞左前方开采石材至泥岩层，从而形成一座巨大的蓄水池。这位寄云山人利用聪明才智因地制宜，在裸露的岩壁上，沿着北端龙王泉的水源高度，开凿了一条水平的小水渠，将崖壁雨水和龙王泉水引流至水池中，蓄存起来供生活使用。由于山上水资源珍贵，为节约用水，靠近岩洞的这端水池边沿，根据落差大小，寄云山人又开凿出上、下两个圆形石盆。上盆的水在淘米洗菜后，流到下盆中备用，最后再流下山崖。这样的设计巧妙地利用了自然条件，充分体现了古人的智慧和环保意识。

▲ 片鳞岩

研学知识点8：龙王泉

龙王泉是一处古人因地制宜在砂岩上开凿的泉眼。

丹霞山地区砂岩和砾岩中的裂隙非常发达，雨水会沿各种裂隙向下渗透，当遇到泥质岩石隔挡层阻隔时，水便聚集起来，水量增大，当压力达到一定程度时，便会从裂隙中涌出，形成山泉。

虽然裂隙系统可以有效地起到导水的作用，但如果没有隔挡层，裂隙水会迅速向下扩散消失，所以说这两个条件缺一不可，泉水也因此很珍贵。龙王泉是丹霞山地区著名的山泉之一，而且，龙王泉的水经过土壤层和砂砾岩层的过滤，水质优良，给人们带来甘泉。

▲ 龙王泉

研学知识点9：丹梯铁索

　　丹梯，是由人工开凿而成的石阶，它修建在长老峰中层风景区至山顶的悬崖峭壁上，是徒步登顶的唯一通道。为方便游人，在石阶旁边辅以铁锁链，故称"丹梯铁索"。自1981年起，为保障游客安全，管理当局加建了铁栏杆，并在1985年拓宽了石阶，将单线通道改为了双行梯级。

▲ 丹梯铁索（摄影：李贵清）

　　丹梯铁索两旁空旷，丹崖千丈，直落涧底，令人望而生畏，这实在是一种探奇历险。在丹梯铁索右下方石壁上，镌刻着"宜若登天"四个字，形象地描绘出了山峰之险峻和攀登之艰难。

　　到达丹梯铁索最上方的隘口，我们就可以尽情地领略到"无限风光在险峰"的意境。高处俯瞰锦江在丹霞山群中迂回南流，景色如诗如画，古诗云"一水浮青碧，千峰竞翠微"，其描绘出的秀丽之美绝不逊于桂林山水。锦江九曲十八湾，像彩带般盘旋穿行于壮丽山峦之中。

当我们爬上丹梯铁索，站在悬崖峭壁之上，一阵清风吹过，顿时神清气爽。举目远眺，丹霞群峰环江而立。不远处，游船从江面缓缓驶过，留下了一道道长长的波纹。再向远方望去，云雾缭绕，若隐若现的是紧紧相依的姐妹峰，美景如梦如幻。

▲ 云罩丹霞山（摄影：贾宁）

第 4 课　美不胜收登高处——长老峰（2号线）研学课程

研学知识点10：僧帽峰东部群峰

僧帽峰东部群峰是丹霞山簇群式丹霞地貌的典型代表，一组高低错落的丹霞石峰、石堡、石墙、石柱等呈簇群状分布在宽缓的谷地中，高峡幽谷疏密相间；山石高低、大小对比强烈，形成变化万千的丹霞地貌群体景观。当我们登高远眺，只见常绿阔叶林如翡翠般铺满大地，以僧帽峰为首的东部丹霞群峰，宛如在这片绿色海洋中散落的红宝石，构成一幅大气磅礴、非同寻常的自然画卷。

▲ 僧帽峰群峰——万古金城（摄影：谢锦树）

登上韶音台或观日亭，我们能够俯瞰群山，这里是观赏日出、晚霞、丹霞群峰和山顶天然次生林的最佳场所。

我们站在韶音台上，向东南方向远眺，可以看到僧帽峰、宝塔峰、玉屏峰等形态各异的山"峰"；而向南可以看到扬州寨、天柱石、穿窿岩等丹霞地貌景观。传说舜帝南巡到丹霞山东南的韶石景区时，曾在此演奏美妙的韶乐，并亲自命名了36座形态迥异的山峰。这也是韶关名字的由来。

观日亭是我们徒步登山的最高点，在这里我们可以360°欣赏全山的美景，在这里我们可以清晰地看到宝珠峰、海螺峰和长老峰是三个连体山峰。向东南望去，是大气磅礴的僧帽峰和丹霞群峰；向西望去，是巴寨和茶壶峰，西部群峰高耸在底部相连的巨厚砂岩基底之上，山间的夏富平原和蜿蜒的锦江河曲构成了绝美的世外桃源景观；向北望去，锦江从东北向西南沿着巨大的仁化-韶关断裂带蜿蜒流过丹霞山，把丹霞山分割成了两个部分。

▲ 韶音台研学考察

▲ 长老峰山顶的观日亭（摄影：刘加青）

研学知识点11：木荷群落

木荷群落位于通往韶音台步道的两侧，这里有多株树龄超过100年的木荷古树。木荷被称为"世上烧不死的树"，是因为它的树叶含水量高达42%，一般的森林火灾无法将其烧毁。由木荷古树组成的林带，就像一堵高大的防火墙，能够有效地将熊熊大火阻断隔离。所以，广东的森林防火带多用木荷。

小贴士

我们走进森林山野时，一定切记不要携带火种进山，不要在野外生火。"一点星星火，可毁万顷林"，森林防火至关重要。保护森林，人人有责，让我们共同行动起来，守护这片绿色家园。

▲ 木荷

研学知识点12：马尾松群落

马尾松群落位于松树坳，这里生长着有百年左右树龄的马尾松，其中最年长的已经300岁了。但是，今天我们看到路边一段段的木材，它们是马尾松感染了松线虫后被人工砍伐堆放在这里的。一到秋天，这些病树就会呈现出发黄、发红、落叶的症状，以提醒人类它已经感染了松树癌症——松线虫。遗憾的是我们还没有找到有效的办法来消灭这种肉眼看不到的小虫，只能把病树锯倒，还要把病树的树根、树枝、树干收集好，都要放上可以杀死松线虫的药物，然后密封起来，不让松线虫继续传播。

▲ 马尾松

研学知识点13：软荚红豆群落

丹霞山的软荚红豆树型高大，红豆果荚生在高高的枝梢上，我们想徒手采摘还是很困难的。不过风雨会来帮忙摇晃红豆树枝，如果再仔细观察地上的落叶，我们发现红豆原来藏在落叶里。这颗红豆是不是王维的"相思"豆呢？

▲ 软荚红豆

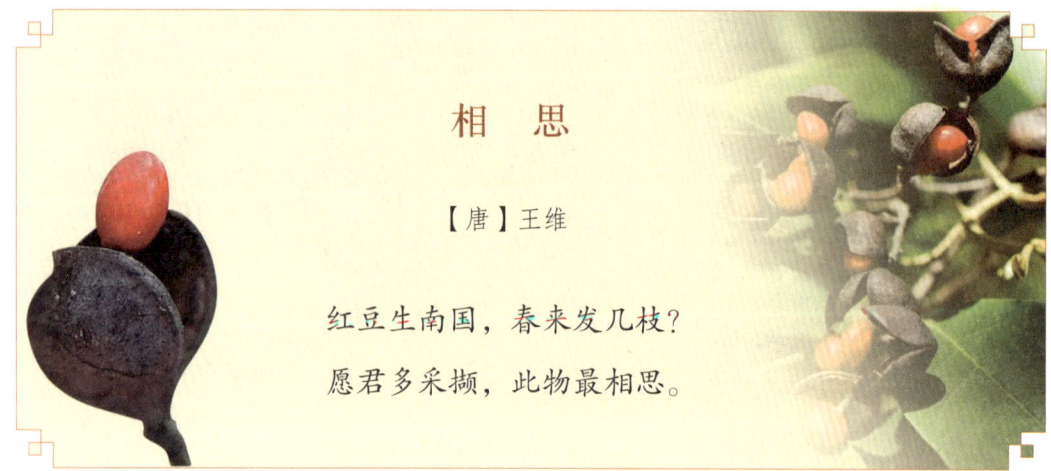

相　思

【唐】王维

红豆生南国，春来发几枝？
愿君多采撷，此物最相思。

> **挑战任务**

在丹霞山寻找一片比较集中的软荚红豆群落，我们来做一个小实验。选取几株长在不同区域的软荚红豆树，仔细观察它们的生长状况和红豆果实情况，我们从光照、温度等多个因素去了解软荚红豆树的生存环境，并把它们记录下来。

▲ 软荚红豆研学考察

软荚红豆群落生存环境调查记录表

	取样点1	取样点2	取样点3	取样点4	取样点5
光照					
湿度					
酸碱性					
海拔（米）					
树径（米）					
红豆大小和色泽描述					

能量补给站

● **什么是植物的水平分布与垂直分布？**

生物受生存环境中生物和非生物因素的影响，在空间分布上呈现一定的规律性特征。植物的地带性分布包括水平分布和垂直分布。

水平分布是指生物在不同经度、纬度上的横向自然分布。陆生植物的水平分布主要是由于不同纬

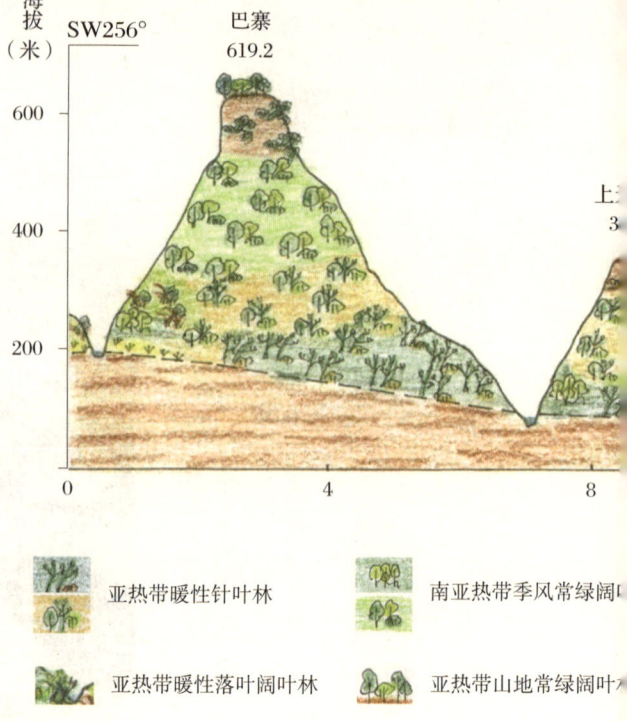

度地区的温度、湿度差异而引起的植被类型不同。例如，我国从南到北同海拔地区依次出现热带雨林、常绿阔叶林、落叶阔叶林、针阔叶混交林、针叶林等。中纬度地区从东到西的植被分布：东部靠近海洋，气候潮湿温暖，森林覆盖率高，植被以阔叶类高大乔木为主；而西部远离海洋，气候干旱温差大，森林覆盖率低，植被以低矮、耐旱的灌木、草本类植物为主。

垂直分布是指生物在地面高度或水层深度等重力方向上的自然分布。陆生植物的垂直分布主要是由于受海拔影响而造成的温度不同，从而引起的植被类型不同。在丹霞山，我们就可以观察到从山顶→崖壁→山脚→沟谷存在着不同的植物群落，这就是植物的垂直分布。

● **什么是丹霞山的生态孤岛效应？**

丹霞地貌中存在大量的陡峭岩壁，这些岩壁时常会形成孤立的山峰，从而也塑造出了一个又一个的生态孤岛，造成植被的间断分布。同时，这种特殊的地形也孕育了丰富而独特的岩壁植物景观。

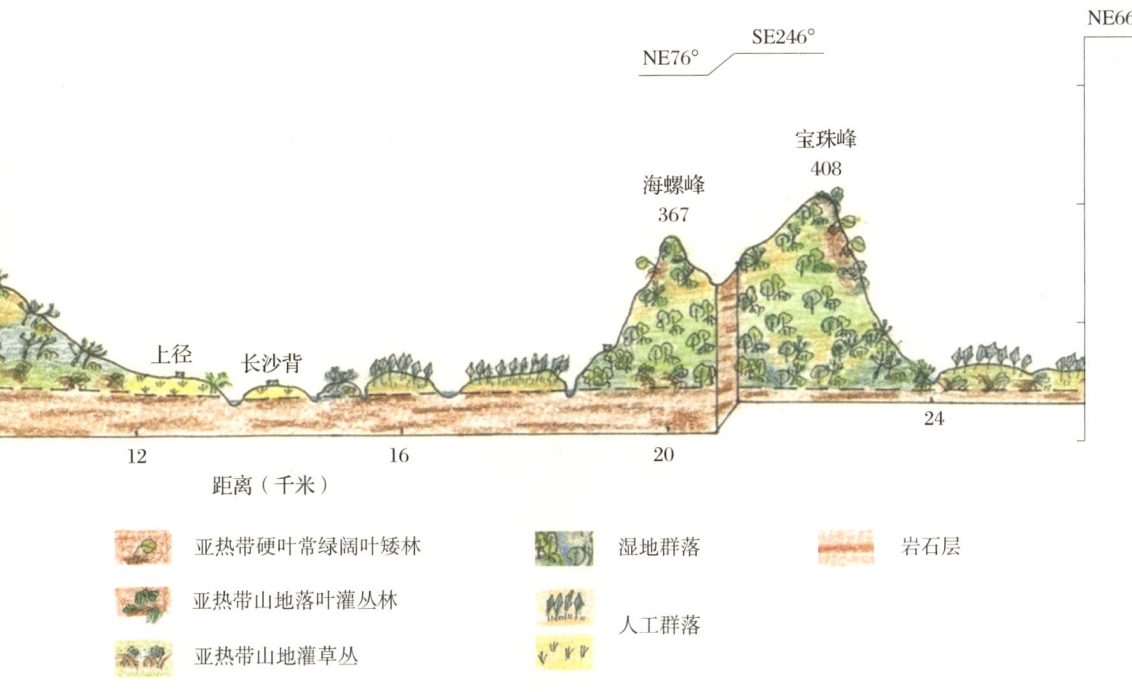

▲ 丹霞山巴寨—宝珠峰植被垂直分布图

▲ 生态孤岛

　　特殊的丹霞地貌产生了特有的山顶生态现象，形成不同于一般山地的局部小气候。这种小气候影响了植物群落的组成结构及区系成分的变化，主要表现在群落优势种和生物多样性指数的不同，以及物种类型的差异。我们可以看到山顶形成的生态孤岛，其中发育了较好的常绿阔叶林，具有多种乔木，分层较为显著；而山脚的沟谷中，林中的附生植物及蕨类植物更多，并常常有许多大型木质藤本植物，具有明显的热带特色。

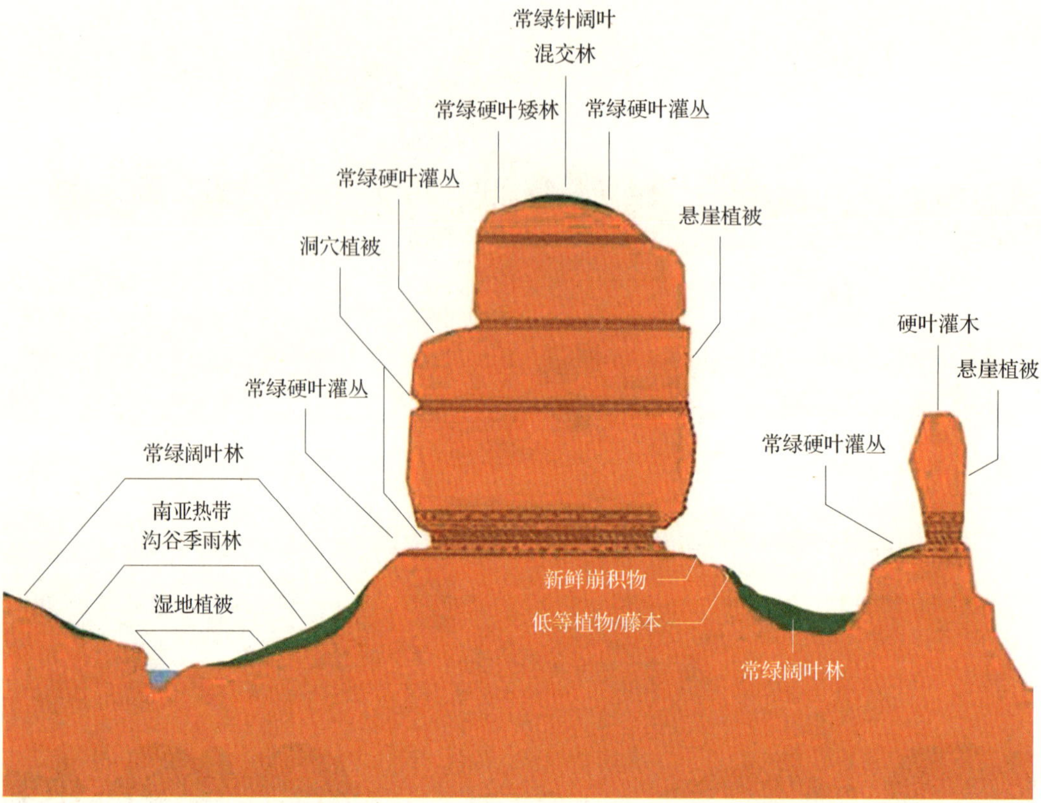

▲ 丹霞山生态系统（绘制：脚爬客）

● **什么是伴人植物？**

伴人植物是指借人物活动传播和扩大分布范围的植物。

丹霞山拥有众多寺庙道观，古往今来，一代代僧人道士在居所附近种下带来的苗木，形成了独特的伴人植物群落。以雪岩寺为例，附近的女贞和香椿古树并不产于本地，皆为引种而来。寺庙门前的枫香树、拐枣树和白桂木同样为古代僧人所植，如今已成古树。此外，丹霞山海拔较低，并没有野生的毛竹生长，但在雪岩寺附近却有一片茂密的毛竹林。据推测，这些毛竹也是古代僧人引种而来的。

▲ 香椿

▲ 枫香

● **植物的茎干构造和作用是什么？**

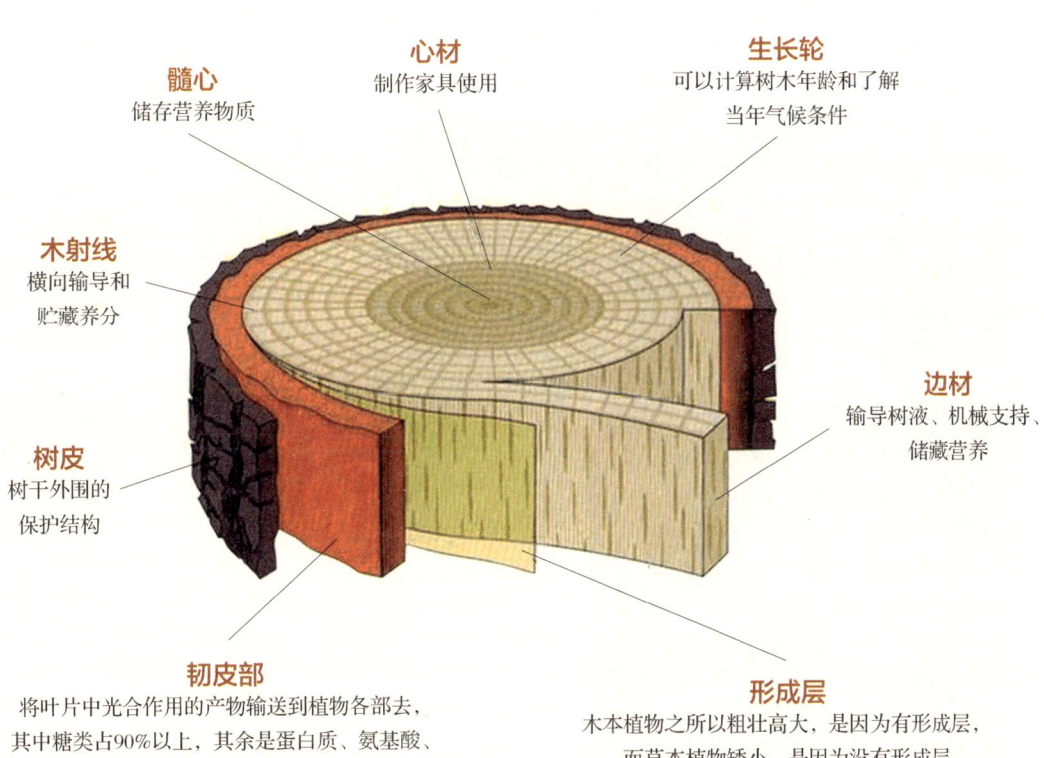

髓心
储存营养物质

心材
制作家具使用

生长轮
可以计算树木年龄和了解当年气候条件

木射线
横向输导和贮藏养分

边材
输导树液、机械支持、储藏营养

树皮
树干外围的保护结构

韧皮部
将叶片中光合作用的产物输送到植物各部去，其中糖类占90%以上，其余是蛋白质、氨基酸、维生素、无机盐和激素等

形成层
木本植物之所以粗壮高大，是因为有形成层，而草本植物矮小，是因为没有形成层

● **森林中，碳去了哪里？**

好绿啊！这或许是你来到丹霞山的第一印象。这里的森林中生长着无数的树木，它们每一天都在不停生长。那么，你知道这和我们每个人的生活有什么关系吗？

科学家发现，森林是地球上重要的碳储存库之一。人类活动排放的二氧化碳日益增多，带来全球变暖等环境问题，而树木生长的过程可以吸收和储存二氧化碳，这被称为森林的固碳。在丹霞山，科学家们开展多样的实验来研究森林固碳背后的秘密。而这一切工作的基础，可以从测量一棵树的胸径开始。

树木通过光合作用吸收大气中的二氧化碳，并储存在体内。

随着树木胸径的增长，它们的碳储量也会相应增加。在丹霞山的森林里，有一株胸径超过1米的大树，能"吃"掉近7吨的碳，这相当于你所测树木的碳储量的多少倍呢？

研学知识点14：古树名木

在2号路线上，我们可以见到树龄近500岁的的枫香和乌冈栎，还有很多100~300岁的马尾松、木荷等。我国有关部门规定：树龄在百年以上的树木即为古树；而那些树种稀有、名贵或具有历史价值、纪念意义的树木则为名木。经过鉴定，在丹霞山开放景区，百年以上的古树名木多达257株，其中300年以上的有14株。

▲ 乌冈栎

▲ 枫香

▲ 马尾松

 研学知识点15：蚁蛉

在长老峰后山洞穴群一带，我们发现洞顶和崖壁上的砂岩经过风化作用，在地面上形成了厚厚的一层砂土，而且在砂土中还有很多漏斗状的小沙坑。是谁这么淘气？仔细观察，原来这是蚁蛉设下的捕猎陷阱。

蚁蛉是脉翅目蚁蛉科昆虫幼虫的统称，因其喜好捕食蚂蚁而得名。

蚁蛉平常在沙地上是倒着走的，会一面旋转一面向下钻，用大颚将沙子抛出坑外，形成平滑陡峭、漏斗状的陷阱。随后，蚁蛉将自己埋在漏斗最底端的沙子下面。一旦有猎物滑落，蚁蛉会不断向外抛出沙子；而猎物越陷越深，最终被大颚钳住，并被拖进沙里吃掉。最后，蚁蛉会把猎物空壳扔到坑外，继续等待下一个猎物。

除了在生态系统中扮演着重要的捕食角色，蚁蛉还具有较高的药用价值。然而一些人在采集蚁蛉时，不论季节和虫龄大小，都采取地毯式的掠夺性采集，从而造成了蚁蛉的种群数量减少，因此，我们需要加强对蚁蛉的保护。

▲ 蚁蛉和蚁蛉的陷阱

研学知识点16：中华大刀螳

▲ 中华大刀螳

丹霞山的崖壁植被繁茂，林下灌木和草本植物多样，是昆虫的天堂，已知有1726种昆虫和300多种蜘蛛在此生存。其中个头较大的、尤为凶猛的是中华大刀螳。

中华大刀螳分布于我国南北各地。它属于较大体型的螳螂品种之一，常呈暗褐色或绿色，头呈三角形，复眼大而突出。中华大刀螳的适应力很强，早在1896年就随同苗木一同引进到美国等地，并成功繁衍后代。

挑战任务

螳螂是一种非常善于利用拟态来麻痹猎物、躲避敌人的物种，可谓伪装高手。拟态是一种生物在形态、行为等特征上模拟另一种生物，从而使一方或者双方受益的生态适应现象。例如，兰花螳螂，以模拟兰花出名，在远处几乎难以辨认。它们

▲ 兰花螳螂

时常冒充兰花，不需要到处游荡，只需守株待兔就会有猎物源源不断地被它诱惑而来。成年兰花螳螂甚至可以完全同步兰花的花期，在兰花快要枯萎的时候，它的背上也会显现出枯黄色花边。

你还知道哪些拟态的例子？写下来，与小伙伴们一起分享。

> 能量补给站

● 怎样辨别昆虫？

昆虫是六足节肢动物，身体分为三个区域：头部、胸部和腹部。头部长有触角、复眼、单眼或眼点以及口器；胸部分为三个体节，每一节都有一对足；其身体被防水的外骨骼覆盖，通过与气管系统连通的气孔进行呼吸。

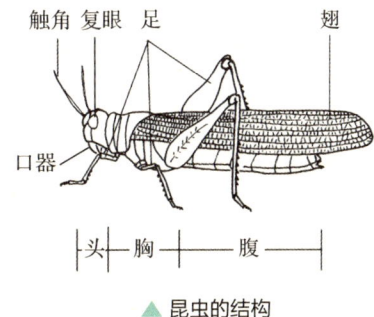

▲ 昆虫的结构

昆虫形态各异，但是基本结构和特征都是一样的。我们经常可以观察到的类别有：

直翅目　双翅目　鞘翅目　半翅目　鳞翅目　螳螂目　膜翅目　蜻蜓目

▲ 昆虫的分类

了解了它们的身体结构，你就会发现，家里到处能找到昆虫的身影：恼人的蚊子，躲在花盆里的蚜虫，嗡嗡作响的苍蝇，还有院里飞来飞去的蝴蝶。

说到这里，一只"蝴蝶"在你面前翩翩飞舞，你确定看到的是蝴蝶吗？会不会是飞蛾？

下面，我们仔细看一看蝴蝶和飞蛾的区别。

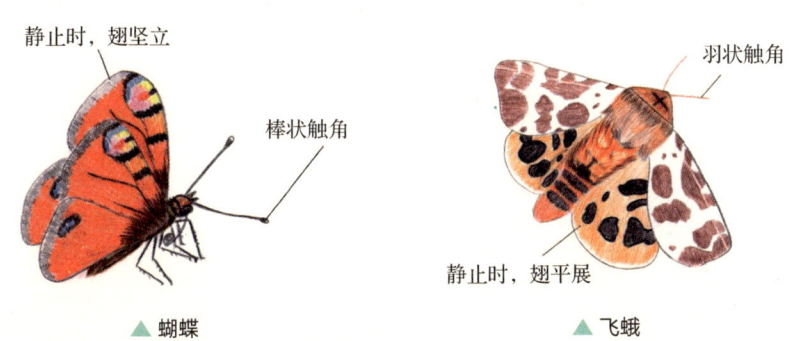

▲ 蝴蝶　　　　　▲ 飞蛾

研学知识点17：沿途常见的动植物

在2号路线中，沿途我们不仅能看到白鹇、隐纹花松鼠、黑鸢、啄木鸟等动物，还能看到野牡丹、沙氏鹿茸草、粉条儿菜、金丝桃、厚皮香、飞龙掌血等植物。

野牡丹

野牡丹生长在海拔低于120米的山坡松林下或灌草丛中，同时也能生长在稍耐旱和耐瘠的酸性土壤中。它喜爱温暖湿润的气候，花朵由五片花瓣组成，花色为玫瑰红色或粉红色，在阳光下闪烁着迷人的光彩，令人惊艳。它的花苞会陆续开放，花期可达全年，具有很高的观赏价值。

▲ 野牡丹（摄影：邓伟胜）

沙氏鹿茸草

沙氏鹿茸草因其形状很像鹿茸而得名，大部分只有十几厘米高，生命力却很顽强。它的药用价值极高，这也导致野生的沙氏鹿茸草遭到了人类严重破坏。如今，其野生种十分珍贵。

▲ 沙氏鹿茸草

白鹇

　　白鹇，为国家二级重点保护野生动物，属于鸡型目雉科，杂食。雄鸟羽色一身银装素裹，在中国文化中自古即是名贵的观赏鸟。白鹇是中国哈尼族的吉祥物，还是清朝五品官员朝服补子的图案。

▲ 白鹇

能量补给站

秘境丹霞——白鹇的故事

扫码听故事

研学导师 马丽荧

（荣获2021年广东省林业科普讲解大赛一等奖）

"请以双白璧，买君双白鹇。白鹇白如锦，白雪耻容颜"。这是李白为他极为痴迷的鸟类——白鹇所作的一首诗。白鹇羽毛洁白、体态娴雅，象征着清廉正直，是清朝五品文官官服的图案。白鹇是国家二级重点保护野生动物，1988年被评选为广东省"省鸟"。

白鹇是一雄多雌的鸟类，雄鸟拥有华丽的黑白色羽毛，雌鸟通体橄榄褐色。在白鹇家族，雄鸟会通过"比武"角逐出一只"白鹇王"，胜出的白鹇王在进食、交配等方面有着优先特权，同时也肩负守卫家族安全的重任。

注：文字为讲解大赛演讲稿，而视频是为本研学手册特意录制，两者不完全对应，后同。

在自然运作中，物质循环和能量流转呈现着相生相克的神秘规律，并以食物链、食物网的形式演绎着生死别离的故事。丹霞山茂密的树林中，生活着许多白鹇家族。一天傍晚，白鹇王领着一群白鹇家族悠闲地在山坡觅食。这时，森林上空突然俯冲而下一只猛禽——凤头鹰，在危险时刻，白鹇王挺身而出，守护自己的家族。这场守护战是英雄之战，亦是悲情之战，最终，白鹇王不敌凤头鹰铁钩利爪，倒在自己的领地上。凌乱的羽毛染上了英雄的红色，就此宣告一个白鹇王朝就此结束。接着，胆小谨慎的赤麂路过，只敢远远地瞅了一眼躺在地上的白鹇。夜幕降临，一只夜行性动物鼬獾来到白鹇旁，啃食充饥。不久，拥有灵巧四肢和长尾的果子狸，叼着白鹇攀缘着石块匆匆离开，留下些散落的羽毛和少部分白鹇残肢。故事到这里并没结束，随着时间流逝，白鹇的残肢最终被地上大量的无脊椎动物、细菌、真菌分解成二氧化碳、水和无机盐等无机物。一只白鹇就这样生于自然、归于自然。

在自然界中，每一种生物都是错综复杂生态系统的一部分。竞争、捕食、共生与寄生，生生不息又共同进化，形成和谐的生命场景。现如今生态环境恶化、野生动物栖息地减少、人类的肆意杀戮导致野生动物濒危或灭绝。一种生物的灭绝，会导致它所在的食物链上的生物及周围生态环境产生连锁反应，导致其他生物灭绝。

人类不是自然界中唯一的生物，人类的发展离不开大自然。如果不采取补救措施，生态系统的破坏最终也会反噬到人类自身。地球是一个生命共同体，保护野生动植物，就是在保护我们美丽的家园。

丹霞山青少年研学手册

第 5 课

湖光山色两相宜
——翔龙湖（3号线）研学课程

▲ 龙湖探幽（摄影：刘加青）

第 5 课　湖光山色两相宜——翔龙湖（3号线）研学课程

109

课程简介

本条路线是沿着一条由丹霞山主断裂形成的沟谷行进，是领略丹霞山湖光山色和典型地质现象的经典路线。沿着翔龙湖，我们可以观赏到龙须涧峡谷、仙居岩道观大崖壁、官帽石、阴元石等景观；登上毓秀台可远眺天柱石、扬州寨、望郎归，向东北方向观赏宝塔峰、玉屏峰，经蘑菇亭回到乘龙亭码头乘游船返程。

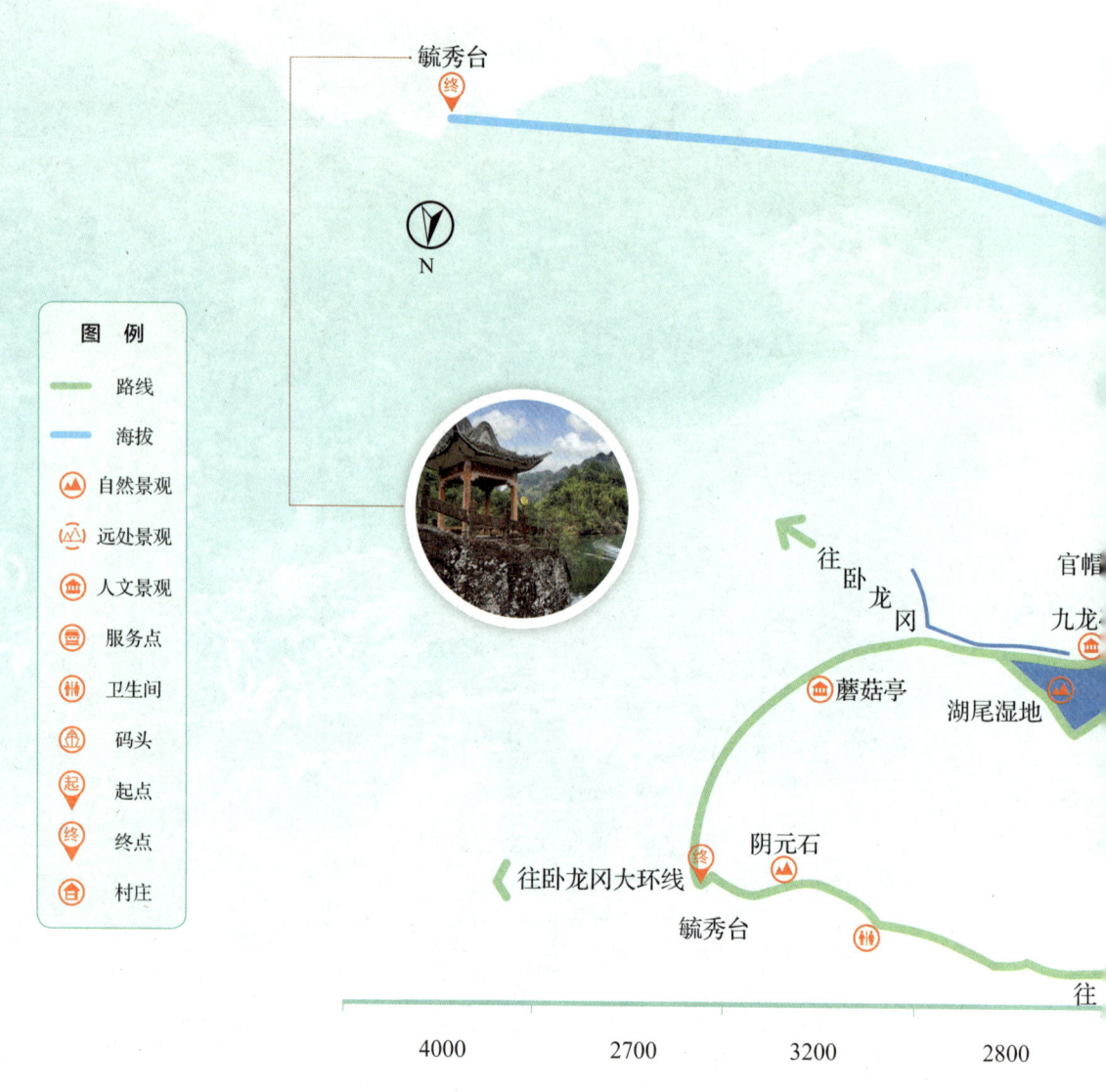

4000	2700	3200	2800

第 5 课 湖光山色两相宜——翔龙湖（3号线）研学课程

⏱ 时长

2～3小时。

📍 研学路线

长老峰票站→翔龙湖码头→龙须涧→仙居岩道观→玉带桥→阴元石→毓秀台→蘑菇亭→乘龙亭码头。

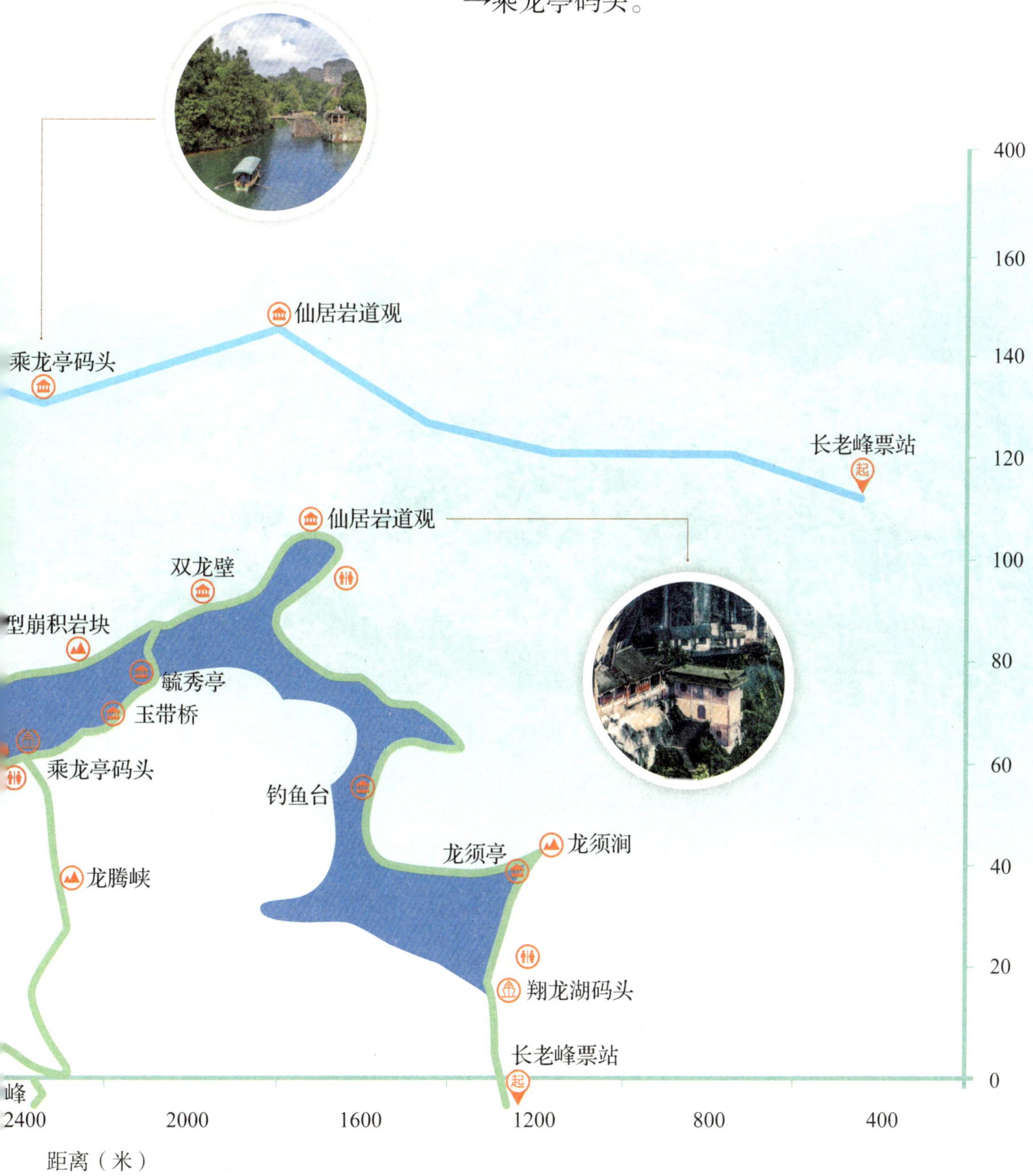

111

研学知识点1：翔龙湖

翔龙湖位于长老峰的南侧，因其湖面轮廓酷似一条腾飞的龙而得名，龙首、龙角、龙身、龙爪、龙尾都清晰可见。只要我们细心观察，就会发现山崖上散布着许多关于古今龙文化的石刻。周围的群山高崖与湖水共同构成了一幅壮丽的丹山碧水天然画卷。在碧若玉盘的湖面上，倒映着丹霞山的秀美身姿。翔龙湖原本是一个被群山围绕的山涧，人们在山涧的出口建造了一个水坝，使山泉汇聚在山涧中形成美丽的山间湖泊，它不仅可供人们日常生活饮用，还为周围的生态环境带来了积极的影响。随着自来水工程的普及，翔龙湖从一个饮用水源地变成了一个水上旅游景区。景区内引入了游船，修建了步道，这里成为休闲、旅游、研学和科考的好去处。

▲ 翔龙湖（摄影：刘宇星）

在沿途的崖壁上，我们可以看到许多由砾石构成的砾岩。这些砾石大小不一，大部分还有棱有角。它们一层一层地排列，整齐有序，并具有一定的方向性，这是由于水流冲刷和堆积作用形成的，这也说明这些砾石并没有经过很长距离的搬运和磨圆，很可能直接来自丹霞山周边的山区。这些砾石的形态和分布特征为我们提供了关于丹霞山周边地质环境和岩石形成过程的线索和依据。

> 能量补给站

● 什么是砾岩和叠瓦状构造？

砾岩是碎屑岩的一种，主要由直径大于2毫米的砾石组成，其砾石含量超过30%。在翔龙湖边的崖壁上，我们可以观察到砾岩中的粒序层理、叠瓦状构造和底冲刷面等沉积构造。遇暴雨天气，洪水携带大量的砾石和泥沙冲出山口，并在谷地上堆积，经过长时间的压实和成岩作用，这些沉积物逐渐固结，形成十分坚硬的砾岩。

在砾岩层，盘状和片状的粗碎屑通常呈现出叠瓦状构造。砾石彼此堆叠（像一叠纸牌），并倾斜于上游方向，这是推断古流水方向非常有用的沉积构造。

▲ 砾岩

▲ 叠瓦状构造（摄影：陈留勤）

● **卸荷节理和危岩体治理**

在翔龙湖码头西北侧的崖壁上,我们可以看到十分明显的剥落现象和正在形成的破裂面。这是因为崖壁下的道路是人工开凿并加宽的,岩层外部经过风化剥蚀或人工消除后,岩石内部积累的应力得到释放,产生张裂隙,从而形成了卸荷节理。在丹霞山地区,卸荷节理十分发育,这里就是一个非常适合观察地质现象的研学地点。

小贴士

嘿!小伙伴们!那种直挺挺的或者有高角度贯穿的节理或裂隙的岩体有剥离的风险,真的超危险!我们一定要远离它们,保证自己及他人的安全!

研学知识点2：仙居岩道观

丹霞山不仅是佛教圣地，也是道教的重要场所之一，被列入道教的"洞天福地"。翔龙湖南侧的大崖壁上建有仙居岩道观，相传为葛洪所建，该处有道观三间、道房五间、水池一口，至今仍得以保存。仙居岩面向西北，左前方为九龙峰，前有芭蕉冲谷，环境封闭幽静，是凡尘不染的地方。大殿凌空而建，气势夺人。大崖壁西北侧紧邻翔龙湖，大崖壁实为一条近南北走向的断层，道观院落里还保留有两块崩落的巨石，道观内壁就是巨厚层砂岩，上面雕刻有多尊人物雕像。

▲ 仙居岩道观

研学知识点3：孝顺竹群落

我们走过翔龙湖尾的湿地群落，迎面就是一大片的孝顺竹群落，上万株孝顺竹密密麻麻地"挤"在一起，竹梢弯下来，遮天蔽日，形成了一处阴凉的休息地，游客们都喜欢在这片孝顺竹林下小坐休息，感受这竹子营造的清凉氛围。

孝顺竹属于禾本科竹亚科簕竹属。你知道吗？它可是我国分布最广的丛生竹，一些优美的庭园观赏竹类，比如观音竹、琴丝竹、凤尾竹，都属于孝顺竹的变种或者栽培型品种。由于它基本不受冻害，冬季能正常生长。孝顺竹的秆是绿色的，幼时薄被白蜡粉，下部直挺挺的，但在尾梢却弯曲起来，或许因为它在高处向下弯，形态宛如晚辈在礼敬长辈，所以得名"孝顺竹"。孝顺竹是丹霞山低海拔沟谷最为常见的丛生竹，它们常常形成连片的群落。

▲ 孝顺竹（摄影：黎康）

竹子是丹霞山重要的植物群落之一，从山顶到山坡再到沟谷，我们都可以看到它们的身影。竹子善于"占地盘"，一旦成为优势种，其他植物很难在它们的地盘上立足。在孝顺竹林中，我们就可以观察到这个现象。

丹霞山的竹子种类繁多，已知有50种，其中丹霞山刚竹、小麻竹和丹霞单枝竹都是在丹霞山发现的竹类新种。其中，丹霞山刚竹和丹霞单枝竹是丹霞山的特有物种，目前除了丹霞山之外，在其他地方还没有被发现。

▲ 丹霞山刚竹

第 5 课　湖光山色两相宜——翔龙湖（3号线）研学课程

> 能量补给站

● 竹子会开花吗？

竹子会开花，这是一种自然现象。竹子属于禾本科植物，与我们常见的稻子是"亲戚"关系，因此竹子的开花和结种方式与稻子相似。其花穗呈白色或紫色，结出米粒一样大小的颗粒，民间称之为"竹米"。竹子开花比较少见，这与竹子的品种、生长周期、气候环境变化均有一定关系。竹子一生只开一次花，开花就意味着生命的终结。竹子从萌芽到开花再到结实，一般需要40~60年。

▲ 竹子开花

研学知识点4：广东假野菰生态群落

竹林底部阴暗潮湿，看似一片贫瘠之地，但实际上却隐藏了上百种真菌，以及一些独特的腐生或寄生植物。这些真菌以枯枝落叶为食，其菌丝在地下构成了一个肉眼难以察觉却非常庞大的菌丝网络。每到雨水充沛的季节，菌丝就会拧成一股，钻出地面，长成各种蘑菇，释放孢子以繁衍后代。腐生植物无法进行光合作用，只能与真菌共生来获取养分。广东假野菰是一种丹霞山特有物种，这种无叶草本植物大部分时间蛰伏于地下，寄生于竹根上，只在夏末秋初的时候钻出地面，开出紫红色或白色的花朵。由于它常围绕竹丛生长，古人误认为是竹子开花，因此得俗名"竹子花"。如果在夏季的雨后，我们时常还能在竹林中观察到一种美丽的大型真菌——黄裙竹荪，它犹如窈窕淑女，裙装华丽，静立于此。

▲ 广东假野菰

研学知识点5：阴元石

▲ 阴元石

如果说赤壁丹崖是丹霞山最普遍的特征，那惟妙惟肖的造型地貌则是丹霞山最为神奇的地方。

我们从九龙亭或福音峡沿着汇龙溪一路向上，在茂密的山林中，可以看到一块高10.4米、宽4.3米的岩石。它的上部为1.5米厚的砾岩，呈浑圆的锥状；下部为3米多厚的红色砂岩，发育一条垂直的节理。节理外围的岩石在差异风化作用下脱落变形，慢慢演变成了造型奇特的岩石，得名阴元石。阴元石被誉为丹霞山六大奇观之一。

在阴元石的顶部，生长着很多狼尾蕨，又名阴石蕨，它与阴元石共生共存。站在阴元石的观景平台上，我们可以看到一片保存良好的常绿阔叶林。这片森林具有植物种类丰富、优势种不明显、树冠不整齐、层间木质藤本和附生植物发达等特点，表明此处具有较强的热带性质。乔木层的树种以壳斗科乔木为主，包括鳘猪、紫玉盘柯和青冈等。其他常绿阔叶树种有杜英、拐枣，以及珍稀濒危植物白桂木。草本层中蕨类植物丰富，有金毛狗、江南星蕨、乌毛蕨、狗脊蕨等。林间藤本植物有龙须藤、苍白秤钩风、小叶买麻藤、藤黄檀等。

研学知识点6：龟裂

当我们来到蘑菇亭附近，发现有一些砂岩表面上密集分布着多边形裂隙，它们错落有致，以四边形、五边形居多，形似龟背。这是风化作用的结果，称之为龟（jūn）裂。它们一般发育在岩石颗粒较细、泥质含量较高的砂岩表面，并向下延伸10厘米左右。

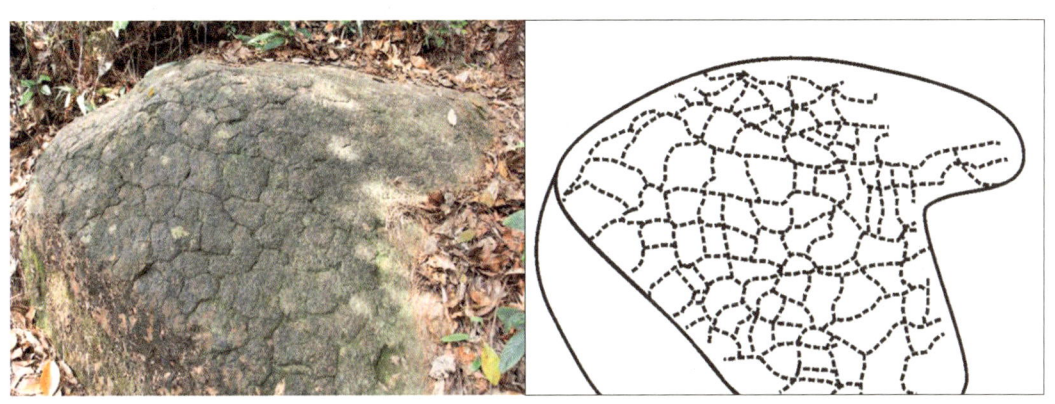

▲ 龟裂及素描图（摄影和绘制：陈留勤）

研学知识点7：蝴蝶

在翔龙湖码头等丹霞山多个山间溪流湿地区域，尤其是天气炎热的时候，我们可以看到大量绚丽多彩的蝴蝶来此栖息、吸水，同时也聚集了其他多种类型的昆虫。我们仔细看，蝴蝶在吸水时，有时会把尾巴拖在地上，一边喝一边把喝进去的水又排出来，这么做一方面是通过水分的流动来散失热量，帮助它们降低体温；另一方面可帮助它们吸收到更多的矿物质，这对蝴蝶的生长发育十分重要。

丹霞山拥有丰富的蝴蝶资源，在这里活动的蝴蝶有巴黎翠凤蝶（*Papilio paris*）、玉斑凤蝶（*Papilio helenus*）、碧凤蝶（*Papilio bianor*）、燕凤蝶（*Lamproptera curia*）、木兰青凤蝶（*Graphium doson*）、虎斑蝶（*Danaus genutia*）、柑橘凤蝶（*Rapilio xuthus*）等。

▲ 巴黎翠凤蝶　　▲ 玉斑凤蝶　　▲ 碧凤蝶

▲ 燕凤蝶　　▲ 虎斑蝶　　▲ 柑橘凤蝶

研学知识点8：忽地笑和萱草

夏秋季节，在翔龙湖崖壁上我们可以看到开着黄花的忽地笑和萱草。

忽地笑，又名黄花石蒜，是石蒜科石蒜属的多年生草本植物。它生于阴湿的山坡上，喜欢半阴和湿润的环境，耐暴晒、干旱，耐寒，喜欢富含腐殖质、排水良好的砂质壤土。

萱草，又名忘忧草，是百合科萱草属的多年生草本植物。它与黄花菜同科同属，外形相似。萱草的花与根均可入药，性良味甘，无毒。据《本草纲目》记载，它"安五脏，令人好欢乐，无忧，轻身明目。"

这两种植物都是顶部开花，叶片狭长，但忽地笑全株有毒，而萱草则无毒且味道鲜美。那两者该如何区分呢？我们观察它们的叶子：忽地笑的叶子不常见，有花无叶，花茎忽然拔地而起，绽放出金灿灿的花朵，引来满园春色，因此得名"忽地笑"。而萱草是有叶才有花，花叶相伴。另外，忽地笑一般花开4~8朵，呈对称分布，且同时开放；而萱草一般花开1~2朵，盛开的花朵和待放的花蕾相伴、有序开放。

▲ 忽地笑

▲ 萱草

研学知识点9：沿途常见的动植物

白额巨蟹蛛

白额巨蟹蛛，又名白额高脚蛛。正如其名，它的腿部比其他蜘蛛长，头部呈白色，这种蜘蛛在全球分布十分广泛，无论是丛林、杂草，还是我们的家中，都有可能遇到它。虽然几乎所有的蜘蛛都有毒，但它们很少攻击人类。白额高脚蛛主要以蟑螂、蟋蟀等小昆虫为食。雄蛛的背甲有一个很大的黑色"V"字形斑纹，而雌蛛没有，且体色较深，体型较大。

▲ 白额巨蟹蛛

蜘蛛的生长过程与蛇类很相似，每一次成长都伴随着一次蜕皮。随着体型逐渐变大，它们的适应性也会变得越来越强，一些成年的捕鸟蛛甚至可以在几个月不进食的情况下仍能生存。不但如此，作为节肢动物，它们的修复能力也很强，如果遇到强敌，它们会利用断肢的方式来保护自己。之后，它们会再通过蜕皮的方式进行自我修复。

纺织娘

纺织娘，在陈醉云*的《乡下人家》中这样写道："秋天到了，纺织娘寄住在他们屋前的瓜架上。月明人静的夜里，它们便唱起歌来：'织，织，织，织呀！织，织，织，织呀！'那歌声真好听，赛过催眠曲，让那些辛苦

---
* 著名现代书法艺术大师，现代诗人。

一天的人们，甜甜蜜蜜地进入梦乡。"这里形象地描述了纺织娘的声音。在文章的开篇也写道："乡下人家，虽然住着小小的房屋，但总爱在屋前搭一瓜架，或种南瓜，或种丝瓜，让那些瓜藤攀上棚架，爬上屋檐。"其实开篇的这些植物都是纺织娘喜欢的食物。

▲ 纺织娘

跳蛛

跳蛛是蛛形纲中非常有趣的种类，它们非常聪明且异常凶猛。它们捕食时，将体液压到后肢，在此过程中精准而巧妙地运用提前判断和计算好的弹射角度和距离，将自己准确地弹射出去。通过从上方垂丝，直接落到猎物身体上，进行狩猎。跳蛛甚至能够捕食比自己大很多的蜘蛛。由于它们体型较小，在跳跃的过程中，一些跳蛛会生出丝线，用来避免被风吹跑。

▲ 跳蛛

▲ 斑点黑蝉

斑点黑蝉

人们听到的蝉鸣声，主要是由于雄蝉腹基部的发声器，它就像蒙上了一层鼓膜的大鼓，鼓膜受到振动而发出声音。斑点黑蝉发声器的背瓣很小，只盖住了很少部分的发声膜，属于无背瓣蝉类，没有形成良好的鼓室，所以斑点黑蝉发出的声音与大部分蝉类有很大不同。

竹柏

竹柏是一种被称为"植物活化石"的裸子植物，早在1.4亿年前的中生代白垩纪就已经出现，现已被列入国家二级重点保护野生植物。它喜欢湿润的环境，具有很好的耐阴性，所以很少受到虫害。它的叶子和树皮一年四季都散发出淡淡的清香，还具有很好的净化空气、抗污染等作用，所以在世界各地广泛种植。尽管它的名字叫竹柏，但它与竹子、柏树没有任何关系，而是罗汉松的"亲戚"。

▲ 竹柏

华凤仙

华凤仙是凤仙花科凤仙花属植物，它的花朵曾被用于染指甲，使指甲呈现出美丽的颜色。宋朝周密的《癸辛杂识》记载了它的使用方法：凤仙花红者用叶捣碎，入明矾少许在内，先洗净指甲，然后以此付甲上，用片帛缠定过夜。初染色淡，连染三五次，其色若胭脂，洗涤不去，可经旬，直至退甲，方渐去之。元代的杨维桢和宋朝的晏殊都曾写过赞美凤仙花的诗。华凤仙传播种子的方式非常独特，当成熟的果实被轻轻触动，就会瞬间爆裂开来，里面的种子就像子弹一样弹射出去，散落在周围，第二年就会长出一棵一棵的凤仙花，以此"扩充地盘"延续后代。

▲ 华凤仙

鱼腥草

鱼腥草，又名折耳根，当我们揉搓全株后，会散发出一种浓烈的鱼腥味，因此得名。鱼腥草的叶子是互生的，卷折皱缩呈心形。在初夏的时候，它会开出穗状花。鱼腥草是一种令人"爱恨分明"的食物，在印度、东南亚，尤其是泰国及我国的云贵川地区，大家都喜欢用鱼腥草来做菜，但是吃不惯的人则完全无法接受它的味道。

▲ 鱼腥草（摄影：凡强）

▲ 鱼腥草的茎

石上莲

石上莲是丹霞山崖壁上生长的苦苣苔科植物，它的叶片基生，形状像莲花。在春末夏初的时候，聚伞形钟状的花朵，呈淡紫色或粉白色——远远看去，这些花朵如同石上白莲，非常清丽可人。

苦苣苔科植物是丹霞山崖壁上较为丰富的物种之一，除了石上莲，还有旋蒴苣苔、马铃苣苔、丹霞小花苣苔等。这些植物生长在崖壁上，展现出顽强的生命力。

▲ 石上莲（摄影：陈再雄）

挑战任务

根据你了解的知识或查阅相关资料，写出植物播种的主要方式，并举例。

研学知识点10：蘑菇

大型真菌，是指那些肉眼可见、易于采摘的大型真菌实体，也就是我们常说的蘑菇。它们可以分为两类：大型担子菌和大型子囊菌。大型担子菌，除了我们日常生活中常见的香菇、灵芝、木耳等，还包括光柄径边菇、华南鸡油菌、新假革耳、变色龙裸伞；而大型子囊菌则主要包括虫草、羊肚菌等。在自然界中，蘑菇扮演着分解者的角色，它们虽然没有叶绿体，不能通过光合作用合成营养物质，但它们能从环境中吸收营养，是将动植物遗体中的有机物分解为无机物的外养生物。

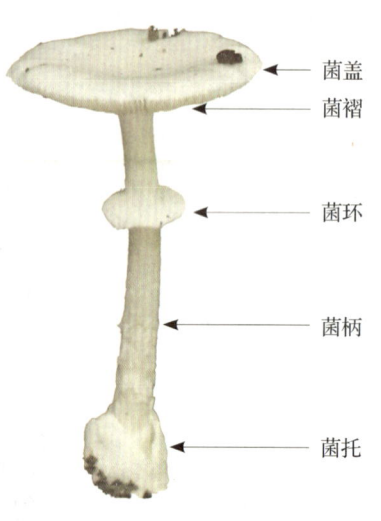

▲ 大型担子菌部位名称介绍

在丹霞山中，蘑菇种类繁多，形态各异。每当雨季来临，这些蘑菇精灵便纷纷崭露头角，点缀在山路两旁，呈现出五彩斑斓的景象。

▲ 形态各异的蘑菇

光柄径边菇

发现于丹霞山的一个新物种。光柄是指这类物种的菌柄是光滑的，径边菇是指这一物种喜欢长在小路边上，常见分布于丹霞山翔龙湖码头边的台阶步道旁。

华南鸡油菌

华南鸡油菌因其如同鸡油般鲜亮的黄色而得名。作为一类著名的野生食用菌，鸡油菌在欧洲广受欢迎，同时也分布在我国多个地区。在丹霞山中，

▲ 光柄径边菇

▲ 华南鸡油菌

科学家们发现了一个新的鸡油菌物种——华南鸡油菌。这个新物种主要生长于马尾松林下，与松树形成了互利共生的关系。在丹霞阳元山、飞花水、巴寨等景区，我们都可以寻找到它的踪迹。

新假革耳

在丹霞山，还存在一种独特的蘑菇——新假革耳。这种蘑菇在夜晚会散发出绿色的荧光，异常明亮。试想，如果古人知晓这种蘑菇，他们或许可以利用其光芒来阅读，如同古代萤囊映雪和凿壁借光的典故一样。

关于真菌发光的成因，目前尚无定论。一些科学家推测，发光可能有助于吸引昆虫的注意，从而促进孢子的传播。也有人认为，真菌发光是为了保护自己。

新假革耳主要分布在广东地区，生长在阔叶树的倒木上。在丹霞山，这种蘑菇通常在五月初出现，并可持续到六月底。

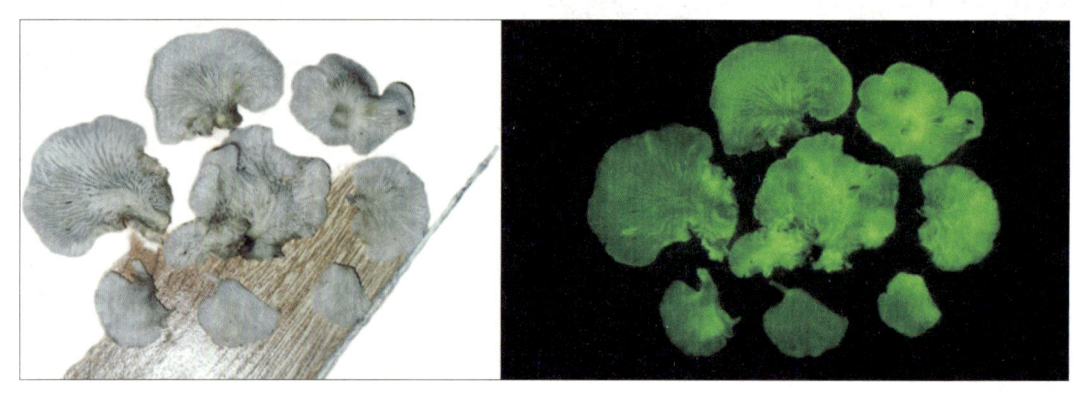

▲ 新假革耳

变色龙裸伞

大家都知道变色龙的皮肤会随着环境的变化而变换颜色，那么变色龙裸伞也一样。在不同的生长发育阶段或生长环境下，它的颜色也会发生不同的变化，因此得名变色龙裸伞。这个物种的菌盖表面常常呈现出橘黄色到紫褐色的颜色变化，表面还覆盖着细小的鳞片。菌褶是黄棕色至锈褐色的，菌柄通常是紫红色的。菌肉尝起来有些苦味，并且它生长在阔叶树的腐木上。

变色龙裸伞是一种有毒的蘑菇，含有裸盖菇素，具有致幻作用，因此常被称为"致幻蘑菇"。如果我们不小心误食，可能会导致神经精神型中毒，出现视觉错乱、精神欢快、动作失调、胡言乱语等症状。因此，我们应该保持警惕，不要随意采食野生蘑菇，以免发生意外。

▲ 变色龙裸伞

虫草

说到虫草，我们可能首先想到的是冬虫夏草。但实际上，虫草是一个非常庞大的类群，包含着上百种物种。除了我们熟悉的虫草花，还有蛹虫草、北虫草等。虫草的寄主也是多种多样的，有的寄生在昆虫身上，有的则寄生在大团囊菌上。丹霞山分布着多种虫草，例如，常见的柱形虫草，它寄生于一种蜘蛛的幼虫上；马蜂虫草，寄生于一种马蜂成虫上，子实体可以从马蜂头部和腹部长出；还有颜色鲜艳的粉被虫草，它寄生在大团囊菌上。

▲ 柱形虫草　　▲ 马蜂虫草　　▲ 粉被虫草

研学知识点11：地衣与苔藓植物

▲ 地衣

地衣是一种非常特殊的生物群体，它是由真菌和藻类（或蓝藻）之间的共生关系组成。这种共生关系使得它们通常以菌丝体和藻类细胞的结合形式体现，形成一种共生体。地衣主要有三种形态：枝状地衣（fruticose lichen）、叶状地衣（foliose lichen）、壳状地衣（crustose lichen）。

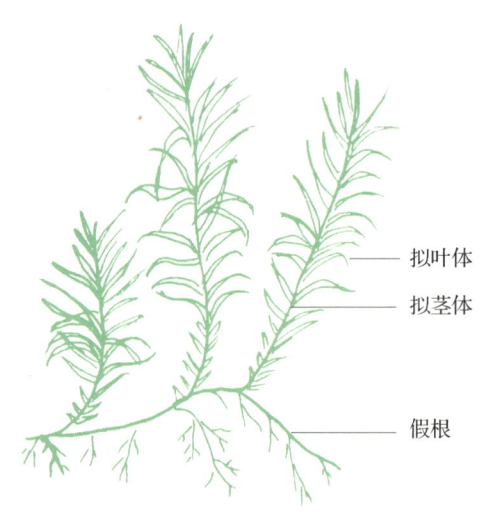

▲ 苔藓的结构

苔藓植物是一种小型绿色植物，它们有完整的"根""茎"和"叶"，但在组织分化上十分简单。与种子植物的根、茎和叶不同，科学上对苔藓植物的根、茎和叶有严格的定义，分别为"假根""拟茎体"和"拟叶体"。苔藓植物细胞内富含叶绿体，能够自行进行光合作用来制造养分，为植物体持续生长直至产生新一代个体提供能量。其胚的形成及自养功能是苔藓植物归入"高等植物"大类的关键因素。

丹霞山苔藓植物众多，已知有44科93属180种，其中拟大叶真藓（*Bryum salakense*）、长肋疣壶藓（*Gymnostomiella longinervis*）和光苔（*Cyathodium cavernarum*）是广东省新记录的苔藓植物。

▲ 拟大叶真藓

▲ 长肋疣壶藓

▲ 光苔

从物种分类角度来看，地衣和苔藓植物属于两个不同的类群。苔藓植物是一种可以进行光合作用的植物；而地衣并不是严格意义上的植物，是一种由共生藻和共生真菌结合而成的生物共生体，是一种稳定的互惠共生群落，其中共生藻负责为共生真菌提供有机物，共生真菌则为前者提供结构性的保护及必需的水分。如果共生藻类为绿藻，这类地衣还可进行光合作用，实现植物自养的"个性追求"；若共生藻类为蓝藻，则地衣只能借助硝化作用将无机养分转化为有机养分来维持生命活动，故不属于植物的范畴。

挑战任务

地衣与苔藓植物通常存在较大的生态位重叠，有苔藓植物的地方很有可能也存在地衣，请仔细观察，记录地衣与苔藓植物的区别。

地衣和苔藓植物调查记录表

物种	颜色	形状	质感（像草/像革）
地衣			
苔藓植物			

> 能量补给站

一起来探"藓"

扫码听故事

研学导师 李莉

（荣获2023年全国林业和草原科普讲解大赛二等奖）

你知道是什么植物最早登上了地球的陆地吗？是苔藓植物。它们是第一群从水生到陆生的类群，见证了中生代恐龙的灭绝和新生代生物的崛起。

四亿多年前，海洋经历了一场巨变，海藻抓住这次机会，利用潮汐的涨落移居到陆地上，演化出结构更为复杂的苔藓植物，成为第一个成功"登陆"的植物。这一重大事件，开启了一个荒芜星球的绿色世界。

苔藓植物到底有何"特异功能"，能让它们担当如此重要的角色呢？我们来一探究竟！

苔藓植物是一类小型的绿色植物，结构简单，包含假根、拟茎和拟叶三部分，没有真正的根和维管束，不会开花也不会结果。它们从水生环境移居到陆地，面临的首要问题就是"缺水"，那它们是如何解决这一问题的呢？

苔藓植物与开花植物不同，它们呀，主要是通过植物体的表面吸收水

分，特别是它的拟叶体。拟叶体通常由一层细胞组成，它可以从空气中直接捕捉水、在风的呼吸中得到水，从而解决自己"喝水"的问题。密集丛生的苔藓植物，还可以像海绵一样吸收大量水分，为自己营造湿润的生存环境。这样的吸水能力和存水方式，帮助苔藓植物在陆地立稳脚跟，开启了地球陆地上的绿色新征程。

除此之外，苔藓植物还具有一个独一无二的"生存本领"——变水性。也就是说，植物体内的水分含量能够随着环境的变化而变化。在湿度大的环境中，它们体内的水分会增加；等到特别干旱的时候，苔藓植物体内的水分就会减少，变成枯萎干瘪的一团。有趣的是，它们并没有死去，而是降低生理代谢水平，进入休眠状态，以此来抵御恶劣的环境。等到一场雨，甚至是一场雾，它们又会马上恢复生机。凭借这项独特的"本领"，苔藓在那原始的不毛之地，以及后来数次生物灭绝的环境中顽强地生存了下来。

这古老的生存和演化史，使得苔藓植物成为全球上资历深厚的"元老"。在丹霞山的赤壁丹崖上，一丛丛生命的绿悄然生起，它们可以开拓荒地、稳固水土、减缓温室效应，这些意想不到的"特异功能"，在地球的生态系统中发挥着举足轻重的作用。

让我们一起来探"藓"吧！探索这顽强而又神秘的苔藓！

第 6 课
绿野仙踪探天柱
——卧龙冈原始森林（4号线）研学课程

▲ 天柱峰（摄影：蒋清刚）

第 6 课　绿野仙踪探天柱——卧龙冈原始森林（十号线）研学课程

课程简介

在本条路线我们将深度体验丹霞山无人区的原生态风光，沿途全为天然森林，经蝴蝶谷、卧龙冈、天柱石、野猪峡、黄沙坑、宝塔峰、玉屏峰、恐龙岩，由翔龙湖尾进出。

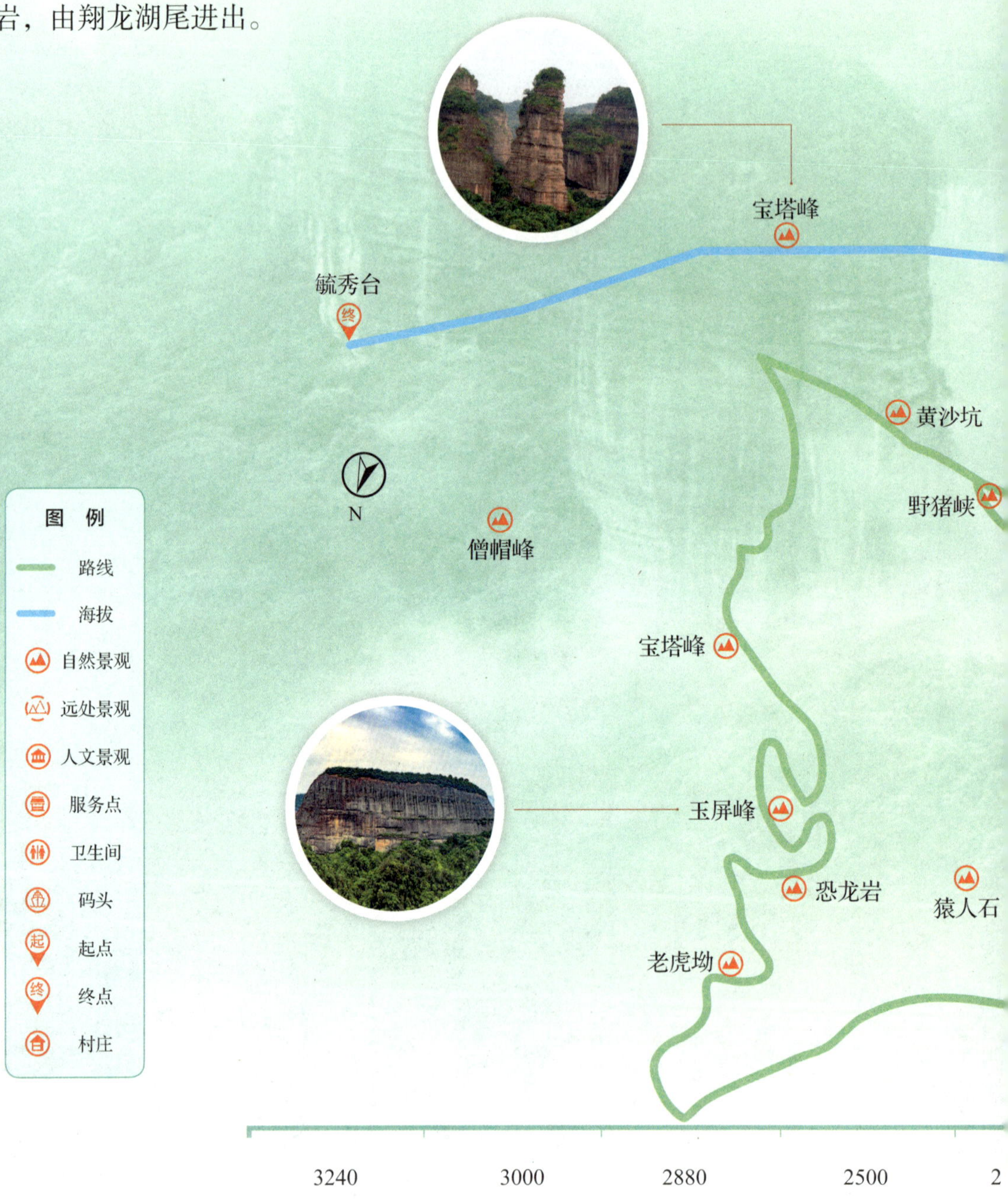

宝塔峰

毓秀台

黄沙坑

野猪峡

僧帽峰

宝塔峰

玉屏峰

恐龙岩

猿人石

老虎坳

图例
- 路线
- 海拔
- 自然景观
- 远处景观
- 人文景观
- 服务点
- 卫生间
- 码头
- 起点
- 终点
- 村庄

3240　3000　2880　2500

时长

2~4小时

研学路线

卧龙冈→宝塔峰→恐龙岩→老虎坳。

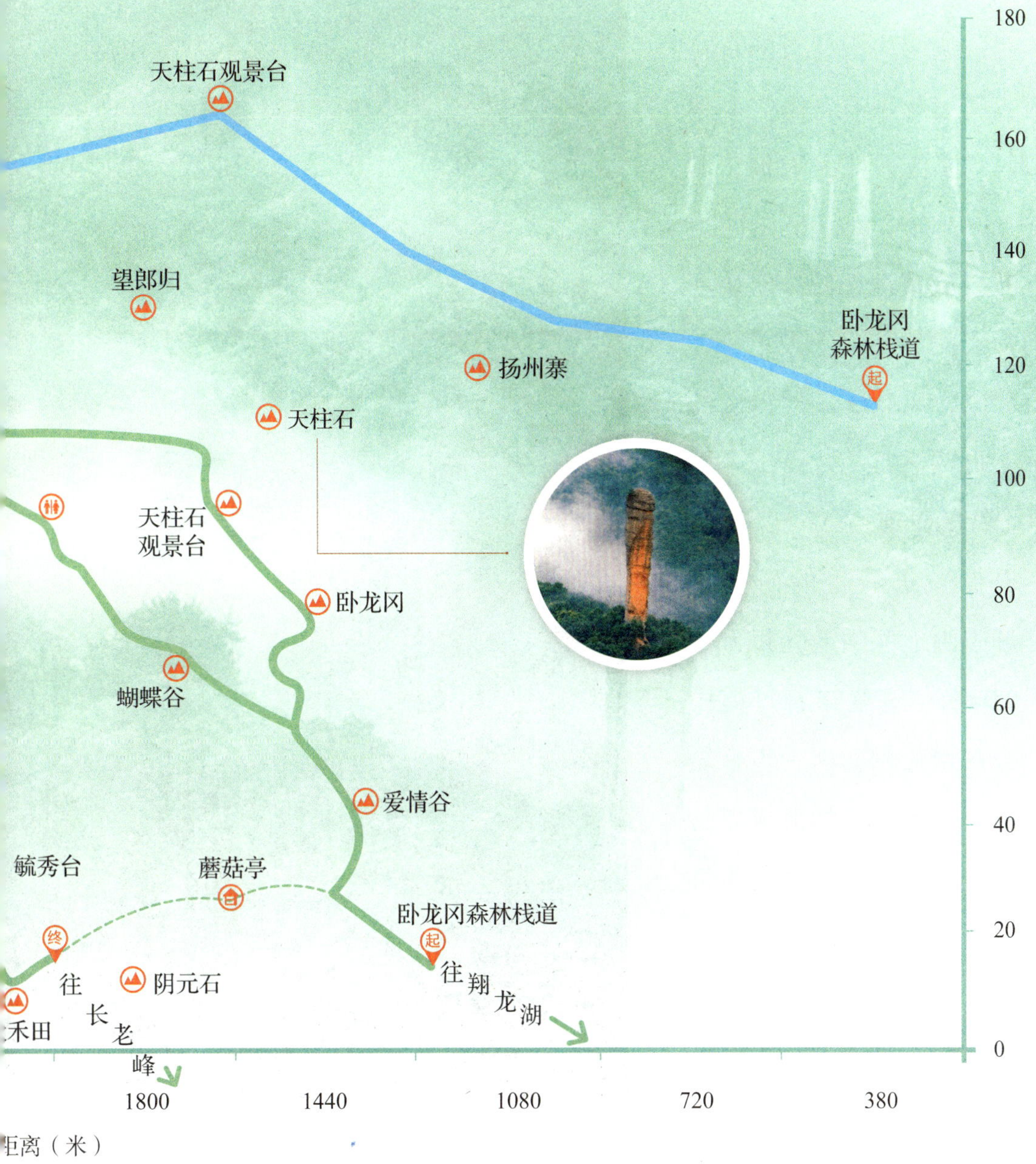

第6课 绿野仙踪探天柱——卧龙冈原始森林（4号线）研学课程

天柱石观景台

望郎归

扬州寨

卧龙冈森林栈道 起

天柱石

天柱石观景台

卧龙冈

蝴蝶谷

爱情谷

毓秀台　蘑菇亭

卧龙冈森林栈道 起

终 往　　　　　　　　往翔龙湖
禾田 长 阴元石
　　老
　　峰

距离（米）　1800　　1440　　1080　　720　　380

海拔（米）　180　160　140　120　100　80　60　40　20　0

141

研学知识点1：卧龙冈上观群峰

站在卧龙冈山顶，我们可以从另一个角度近距离欣赏东部丹霞群峰的壮丽景色。其中，有一块名为天柱石的奇特岩石，又名蜡烛石，海拔高达237米。"孤留一柱撑天地，俯视群山尽子孙"。它是由两组以上断层或节理切割、岩块崩塌而形成的岩柱，上大下小，陡直如削，风化作用使得它的顶部变得圆润，是丹霞山一处非常奇特的景观。

根据黄进先生的研究数据，丹霞山地区的地壳每万年上升0.94米，这意味着丹霞山的地壳在很长时间内一直在缓慢抬升。而天柱石的形成年龄为34万至123.4万年，这也告诉我们它经历了长时间的地质演变过程。

在天柱石岩柱上，我们可以观察到岩石颜色和粒度的垂直变化。粗粒和细粒单元互层的结构使得岩石在差异风化后形成了近似水平的凹槽。这使得天柱石的顶部看起来像是一朵蘑菇，给人留下了深刻的印象。

▲ 天柱石

研学知识点2：宝塔峰

　　沿着4号路线继续前行，当接近宝塔峰时，我们会发现断崖的表面呈现出凹进的软岩和凸出的硬岩交替出现的差异风化现象，就像一条条巨龙横卧在崖壁上。这是因为：软岩由于其较弱的物理性质，更容易受到风化作用的影响，因此会逐渐剥落并形成凹进的形态；而硬岩则相对不容易受到风化作用的影响，因此会保持凸出的形态。

　　崖壁表面的颜色变化也是风化作用的一种表现。附着在岩石表面的有机质和风化产物会改变岩石表面的颜色，使其呈现黑色；而新鲜剥落的岩石表面则因为还没有受到风化作用的影响而呈现红色。

◀ 宝塔峰（摄影：曾明）

▶ 岩石差异风化的现象

研学知识点3：恐龙岩

"恐龙岩"这个名字来源于一块被风化破坏后的岩块，它的形状像一只恐龙。在这块巨厚的红色砂岩上，发育了大量不规则的大型蜂窝状洞穴。这些洞穴的岩石表面已经经历了严重的风化作用，多处相邻的岩洞已经彼此相连，甚至向正上方发展。

▲ 恐龙岩（摄影：曾明）

挑战任务

风化作用只会使岩石变得脆弱吗？通过这几天的研学考察，说出你的想法，与小伙伴展开一场辩论赛吧！

研学知识点4：粤柳特色群落

在卧龙冈一带，溪流众多，形成了不同发育阶段的湿地生态系统。这里生长着一种特色植物——粤柳，它属于杨柳科植物。粤柳的树皮常开裂成一片片的，叶子呈长圆状披针形，摸起来有软皮革的感觉。如果在花期，很容易根据花序辨认出来。和垂柳一样，它的花序属于柔荑（tí）花序，看起来像一条条的毛毛虫。粤柳雄株的模式产地位于广州的珠江岸边，但随着快速城市化，现在在广州已无迹可寻，而在丹霞山却保存数量众多的粤柳。粤柳形态优美，特别适合在湿地沼泽生境生长，可以将它重新引种回广州，作为乡土特色树种在珠三角地区的湖边、江边大量种植。它也是一种难得的园林树种，几株粤柳，搭配上几块假山石，就能营造一方具有南方特色的小景点。

▲ 粤柳

研学知识点5：枫香群落

枫香是丹霞山的优势种群，在丹霞山广泛分布，从山顶到山脚，我们都可以看到。

▲ 枫香

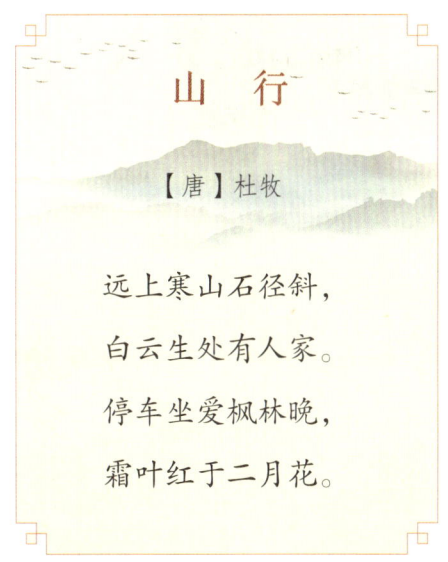

山 行

【唐】杜牧

远上寒山石径斜，
白云生处有人家。
停车坐爱枫林晚，
霜叶红于二月花。

我们以"枫"为题来个飞花令吧！"江枫渔火对愁眠""枫叶芦花秋兴长""相思枫叶丹"……它也可以叫"枫树"，准确来说应该是枫香，秋季时叶片变红，非常好看，古时候的人们把它称作枫叶，但现在我们所说的枫叶指的是各种槭（qì）树，已经不是枫香了，那么怎么区分它们呢？很多人可能知道"三枫五槭"的说法，但这个是不严谨的说法，因为有一种植物叫作三角槭，它的叶子形状和枫叶很像。那么问题来了，到底什么样的是枫香？什么样的是槭树呢？其实办法很简单，从叶的着生方式进行区分：枫香的叶片是互生的，槭树的叶片是对生的。还有，两者的果实形态也完全不一样，枫香的果实为聚合头状蒴（shuò）果，而槭树的果实为翅果。

叶偶然有5个浅裂叶

红色叶脉基部

▲ 枫香

叶裂片有数齿

深裂的叶

▲ 大叶槭

▲ 枫香研学考察

> **挑战任务**

我们来一起画枫香的叶子和果实吧！首先，我们可以观察叶子是怎么生长在树枝上的。它们是像一片片小扇子，还是像一个个小箭头？然后，把叶子画出来，用彩笔涂色，可以是绿色的，也可以是红色的，这就需要看现在是什么季节了。

如果枫香有果实，我们可以把果实也一起画出来。果实的外皮可能是硬硬的，里面可能藏着一些种子。我们可以把外皮磨掉，里面的小种子就可以用来做小挂件了。

画完后，你可以把画展示给小伙伴看，告诉他们这是枫香的叶子和果实。如果他们喜欢的话，也可以让他们自己画一画，一起感受大自然的美丽！

枫香调查记录表

植物名称		记录人	
形态特点 （绘制）			
观察地点			

🔋 能量补给站

● **怎样观察植物？** *

观察植物，一般先观察植物的生活环境，然后依次对植物的根、茎、叶、花、果和种子进行特征观察。

在野外考察时，受条件所限，一般将植物的叶、花、果作为观察的重点内容，特别是花和果。如果发现一株植物有花或者有果，那么分类鉴定的难度就大大降低了。

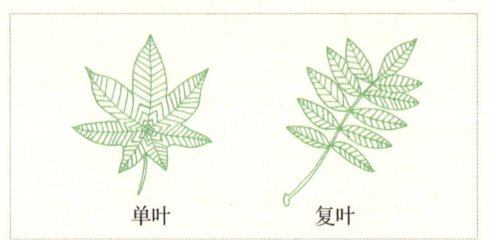

▲ 叶的类型　　　　　▲ 脉序

▲ 叶序

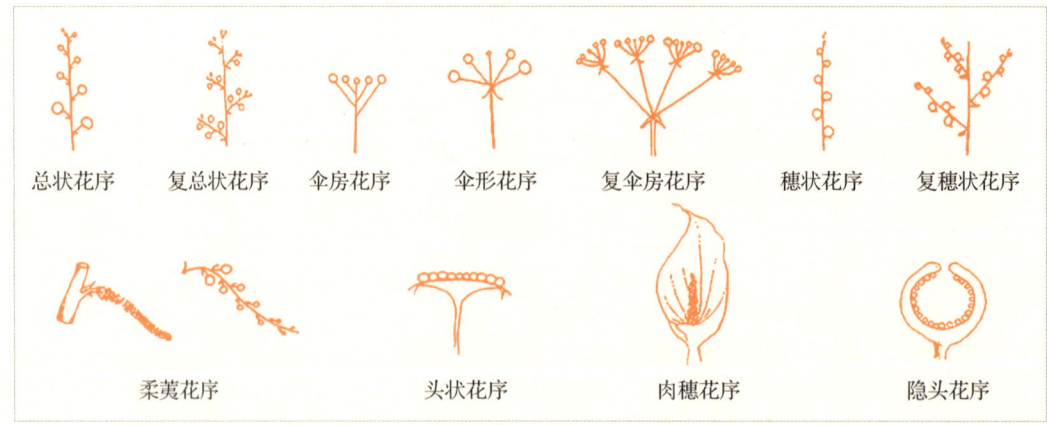

▲ 花序

* 引自《神农架国家公园研学手册》。

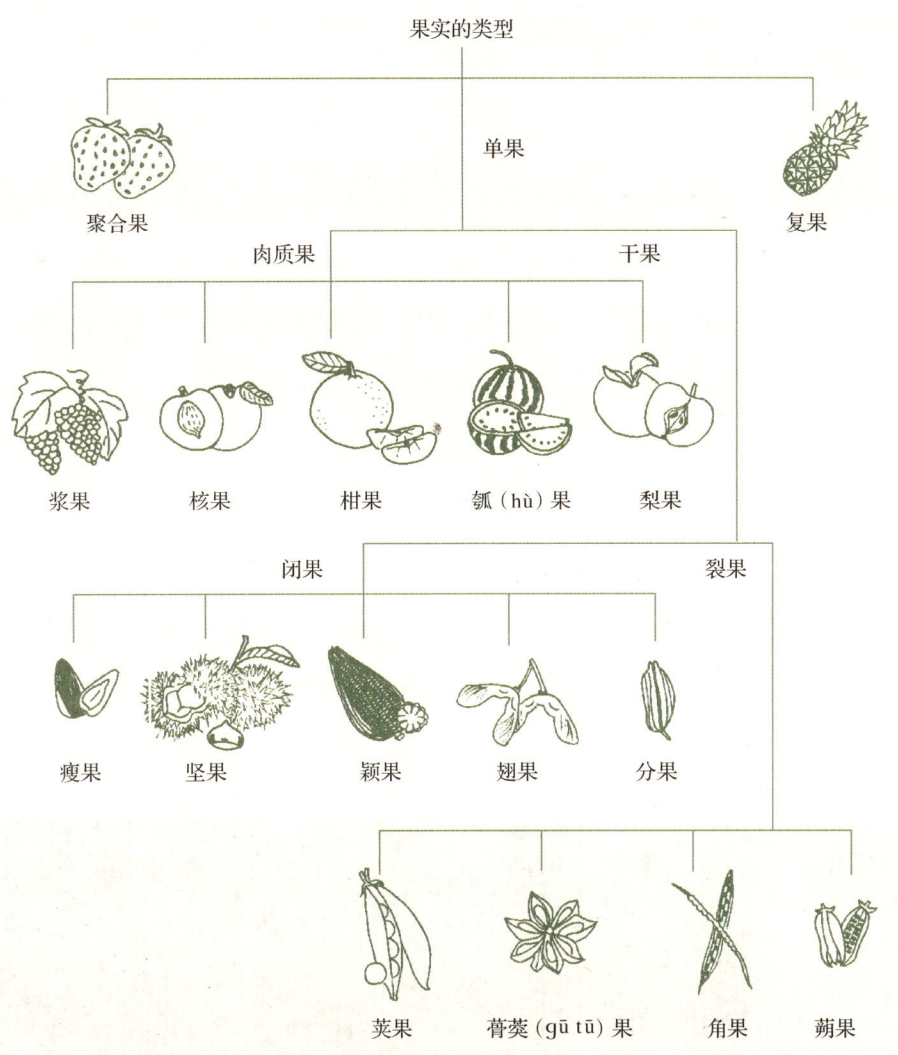

▲ 果实的类型

  观察植物后，记载植物发现的地点、生活习性，对植物的性状进行描述、总结，按照不同的界、门、纲、目、科、属、种分类等级，根据二歧分类原则，把植物相对的性状编制成表，并加上一定的顺序数字，就制成了植物检索表，一般植物检索表主要使用分科、分属、分种三种。

  在野外往往没有时间对所有植物详细分类，可以记录关键数据，拍摄照片，有时间的时候再对照植物检索表进行分类。

研学知识点6：溪流

　　溪流是森林生态系统中水分循环的重要环节，它是指小流域内森林的中上游溪流。较陡且狭窄的溪流河床通常缺少阳光照射，底床多石块，少泥沙，水量受降水影响波动大，这些因素共同造就了溪流生境水质清澈、水温低、流速较快、营养物含量低、水量随季节变化明显等特点，因此，溪流也成为自然观察最佳目的地之一。

　　首先，溪流是淡水生态系统的重要组成部分，其中最引人注目的一般是各种淡水鱼类。维持溪流鱼类多样性，为溯河洄游性鱼类提供繁殖场所是溪流的重要生态功能之一。沿着从源头至河口的纵向梯度，溪流呈现为一个由溪流级别递增所构成的线性等级结构：栖息地多样性、复杂性和稳定性逐渐上升，溪流鱼类物种多样性及其群落稳定性也相应发生变化。

▲ 飞花水

其次，溪流生态系统也有多种蛙类、昆虫类，特别是在夜间开展自然观察时，这片区域会给人带来各种惊喜。例如见到的一些蛙类，它们有着扁平的身体、粗壮的后肢、发达的蹼，这些都是蛙类适应山溪急流环境的特征。特别是蛙类有着趾端发达的吸盘，帮助它们即使在激流中依然牢牢地吸附在石壁上。它们的幼虫——蝌蚪也有适应溪流环境的独门绝技，凭借大吸盘，可以吸附在石块上，不仅不会被水流冲走，还能在急流中的石头表面自由行动。

▲ 丹霞瀑布溪流（摄影：梁海）

研学知识点7：野果野趣自然保育地带

丹霞山拥有丰富的野生果树资源，特别是在卧龙冈一带。这些珍贵的资源包括野生柑橘、南酸枣、乌饭树、白桂木、壳斗科植物等。

与我们常见的柑橘树相似，野生柑橘植株高大，但果实较小，味道酸甜，具有独特的口感。丹霞山分布有大面积的野生柑橘林，作为栽培柑橘的野生种群，它们是柑橘品种培育和改良的重要基因库，应加强保护。

▲ 野生柑橘

▲ 南酸枣

▲ 乌饭树

▲ 白桂木

▲ 紫玉盘柯

南酸枣树是一种大乔木，树皮为红褐色，片状脱落，果实成熟时为黄色，果肉酸酸甜甜，可以直接食用，同时也是制作南酸枣糕的原料。

乌饭树的果实在成熟时为紫黑色，形态与蓝莓非常相似，味道也很接近，但比市面上的蓝莓小很多。用其叶子浸泡大米，煮熟后的米饭呈黑色，因此得名乌饭树。

白桂木的树皮为深红色，裂成片状，与古代将军的铠甲非常相似，因此也被称为将军树。它是波罗蜜的"近亲"，但果实并不像波罗蜜那样长在树干上，而是长在枝条顶部，体积也小了很多。当果实的颜色变成橙黄色时，就可以食用了，味道酸甜可口。

壳斗科植物是锥、栗、椆、栎、青冈等树木的统称，其种子富含淀粉和蛋白质，具有很高的营养价值。在丹霞山分布的米锥、栲、紫玉盘柯等种子较甜的种类常被当地群众采食。

研学知识点8：朝天罐湿地群落

我们仔细观察朝天罐的果壳，发现它后面粗、前面细，开口朝上，非常像一个小罐子，因此得名。这个小罐子其实是这种植物去年的果实，通常会在枝上留存很久。

▲ 朝天罐（摄影：陈再雄）

挑战任务

通过查阅相关资料，了解一下朝天罐花朵的结构，并将它画出来。

朝天罐调查记录表

物种名称	朝天罐
考察地点	
花朵结构图	

研学知识点9：沿途常见的动植物

燕凤蝶

燕凤蝶是昆虫纲鳞翅目的昆虫。它是我国最小的凤蝶，双翅平展开约四厘米，非常小巧。两条修长的尾突，看起来像燕子的尾巴。燕凤蝶飞行速度非常快，难以捕捉到。它主要分布在广东、广西、海南等地。

▲ 燕凤蝶

蜻蜓

蜻蜓是蜻蜓目蜓科马大头属的昆虫。蜻蜓的翅膀发达，后翅基部比前翅基部稍大；休息时四翅展开，平放于两侧；头部灵活，触角短；复眼发达，有三个单眼，咀嚼式口器强大有力；腹部细长，足细而弱，上有钩刺；稚虫短粗，具直肠鳃，无尾鳃。蜻蜓是典型的不完全变态昆虫，也是眼睛最多的昆虫。《本草纲目》记载："蜻蜓，言其尾青葱也；蛉虹，言其状伶仃也，或云其尾如钉也，或云其尾好高而挺。故曰蟌、曰蜓。"

▲ 蜻蜓

地菍

地菍，又名地石榴、地桃花，是一种非常有趣和多功能的植物。它的花非常漂亮；果实颜色，会从绿色逐渐变成红色、紫色，甚至黑色，熟透时，颜色有些接近蓝莓。除了颜色外，它的味道也和蓝莓有些相似，让人垂涎欲滴。

需要注意的是，吃完地菍后，我们的嘴唇周围可能会留下一些"胡子"，这是地菍的汁液染上的。同时，舌头也染成紫色，但这种颜色并不会对身体造成伤害。

地菍具有清热解毒的功效，甚至可以治疗常见的黄疸病。此外，地菍的繁殖也非常容易。它的种子不仅可以进行有性繁殖，还可以通过扦插进行无性繁殖。

在路途中，我们还可以见到金钮扣、丹霞堇菜、华南云实、卷柏、杜鹃等植物，它们为大自然增添了丰富的色彩和多样性。

▲ 地菍（摄影：陈再雄）

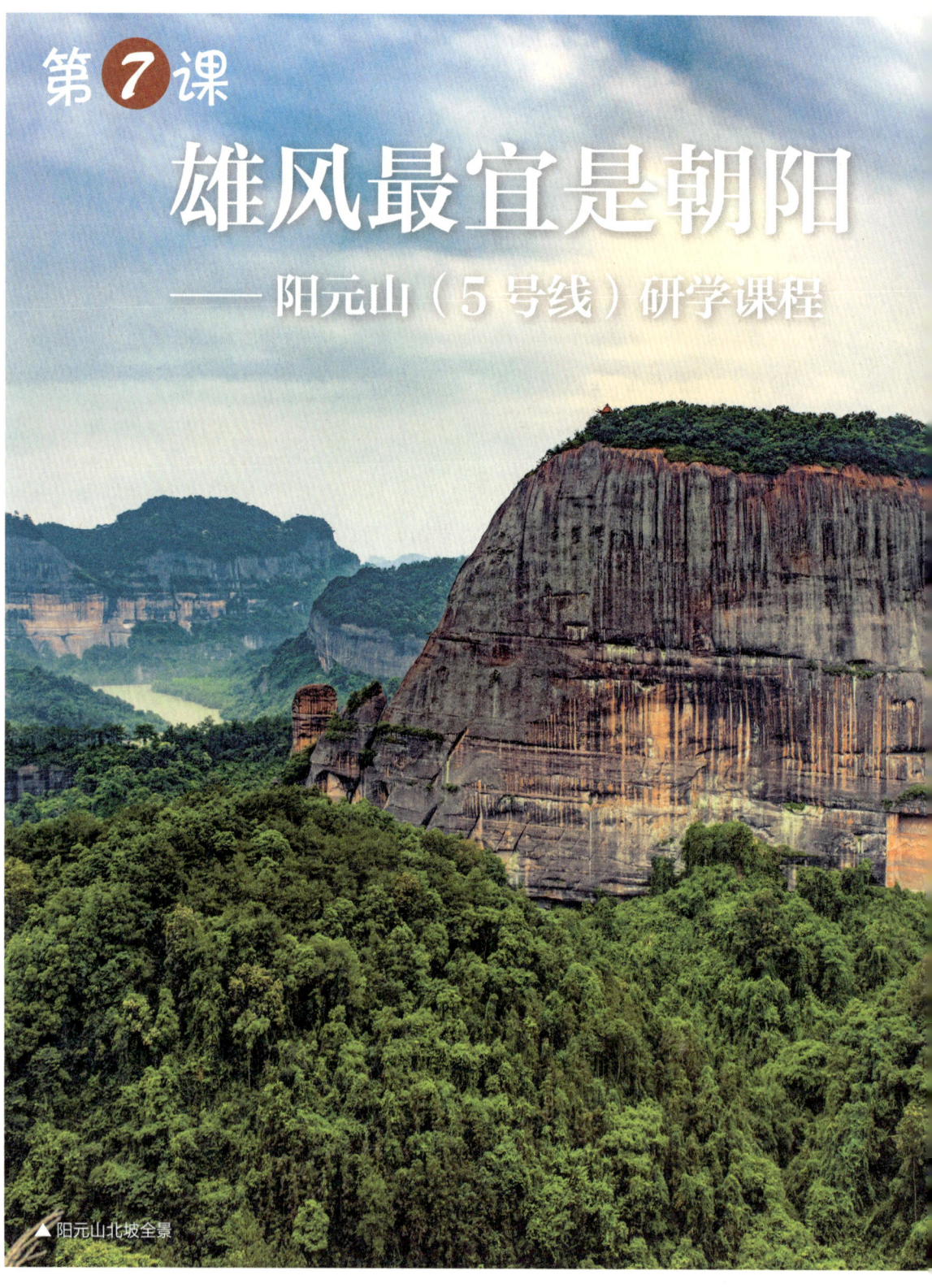

丹霞山青少年研学手册

第 7 课
雄风最宜是朝阳
——阳元山（5号线）研学课程

▲ 阳元山北坡全景

第 ❼ 课 雄风最宜是朝阳——阳元山（5号线）研学课程

课程简介

"势拔牂柯（zāng kē）半插空，更无他石与争雄"，本条路线是我们领略天地造化、鬼斧神工的丹霞奇峰的必选路线。我们从阳元山游览区入口进入，以天下第一奇石——阳元石为核心，沿途我们可以看到汇元池、怪面崖、拜阳台、云崖栈道、嘉遁亭、细美寨、九九天梯、玄机台、晒布岩、双乳石等。这些风景都是大自然鬼斧神工的杰作，让人惊叹不已、流连忘返。

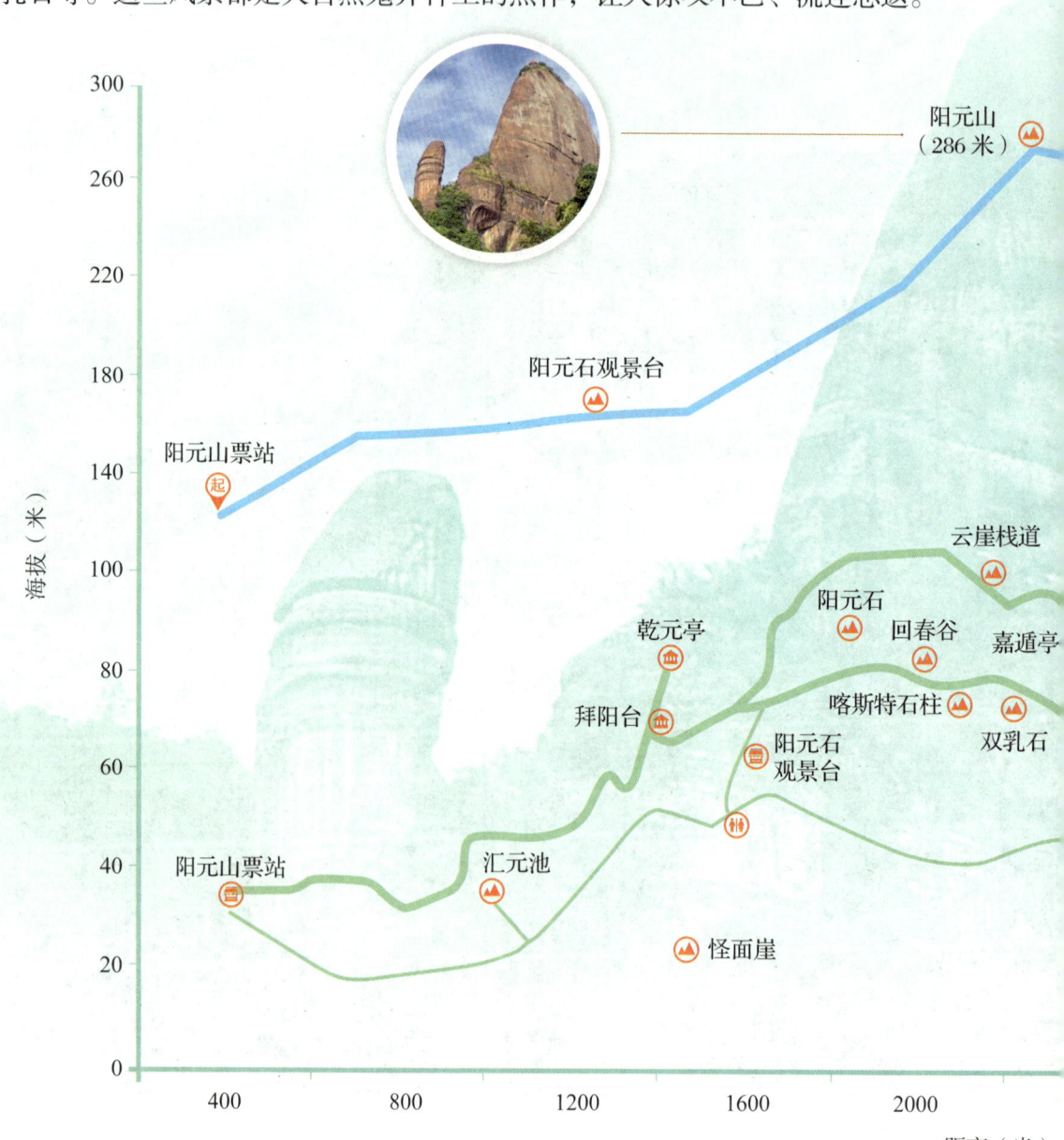

时长

2～3小时。

研学路线

阳元山票站→阳元石→细美寨→风车岩穿洞→晒布岩→观萤小径→微型喀斯特石柱。

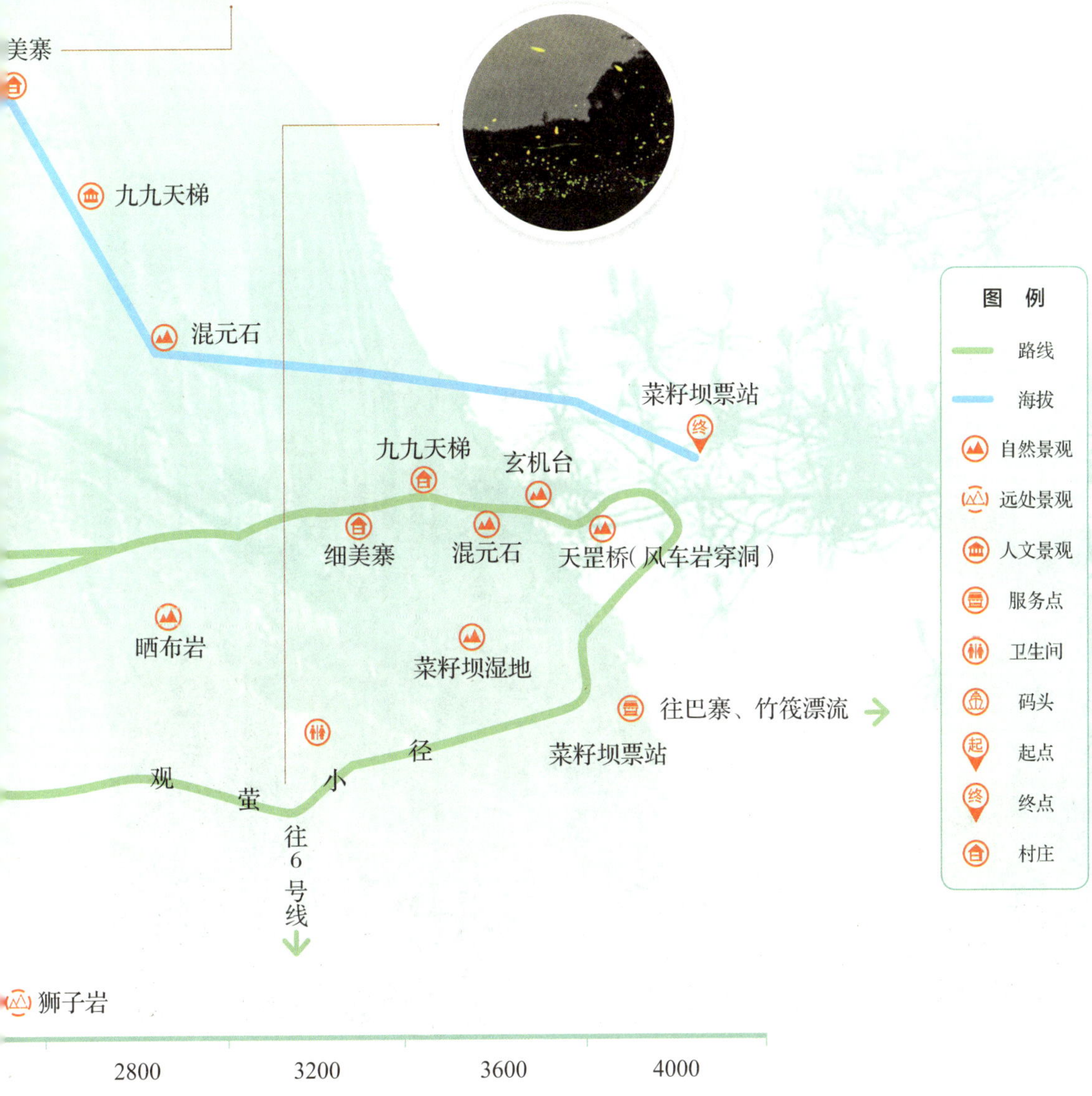

第7课 雄风最宜是朝阳——阳元山（5号线）研学课程

研学知识点1：阳元石

　　进入阳元山景区，我们很快就会看到阳元山，在它最东端外侧有一个大型石柱，高约28米，直径约7米，这是丹霞山的标志景点——阳元石。阳元石石柱最初与阳元山岩墙相连，仅被节理切割，随着流水侵蚀和风化作用不断进行，节理持续扩大，最终使岩墙与石柱逐渐分开。从空中俯瞰，阳元石与阳元山实际上属同一山体，虽然看起来像是分开了，但根部仍然连在一起，就像大拇指和手掌一样。阳元石现在圆润的形态是经长期风化打磨造成的。

▲ 阳元石与阳元山

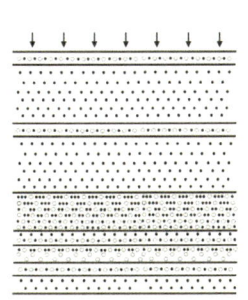 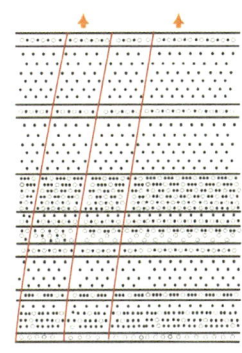 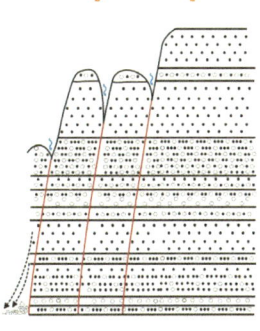 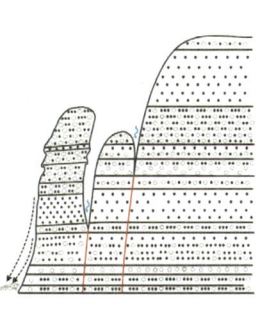

红层逐层堆积、压实、成岩　　地壳整体抬升，形成节理　　岩块崩落，流水侵蚀　　风化塑造形成阳元石

▲ 阳元山和阳元石的形成过程（绘制：陈留勤）

根据丹霞山体抬升和剥蚀速度，地貌学家推测阳元石大约屹立了30万年。

受断裂控制，阳元山呈东西向延伸，山的底部长750米；顶部地势平坦，自东侧的嘉遁亭至西侧的细美寨长410米。呈东窄西宽形态，最宽处约100米。阳元山最高点约286米，相对高差100米。紧贴着山体南侧有一条近东西走向的断层。该断层把阳元山南坡切出一条略向内侧倾斜的陡崖，沿着陡崖，人们修建了通往山顶的云崖栈道。

▲ 云崖栈道

研学知识点2：丹霞梧桐群落

走到汇元池，我们抬头看向对面的怪面崖崖壁，会发现接近垂直的崖壁上生长着很多大叶乔木，它们春季满树绽放粉紫色花朵，秋季树叶金黄，形成丹霞山一道亮丽的风景线。这些乔木便是著名的丹霞梧桐，也被誉为"丹霞山植物名片"。

丹霞梧桐是20世纪80年代由华南植物园和华南师范大学的专家在丹霞山发现并命名的，是锦葵科梧桐属的一种落叶乔木，是国家珍稀濒危植物和二级重点保护野生植物。丹霞梧桐是丹霞山最主要的特有物种，是丹霞山乃至岭南季相变化最显著的指示植物。它耐干旱、耐瘠薄，即使在石头缝里或者在有一点点土的岩壁上，它的根部都能长得很牢固且枝叶也

▲ 丹霞梧桐群落（摄影：陈再雄）

很茂盛，可与黄山迎客松媲美。不仅能在绝壁上局部地区形成优势种，而且在丹霞山全区各类生境均有生长，如山顶、山腰、沟谷中的常绿阔叶林、山顶矮林和竹林中等。

丹霞梧桐的树皮呈黑褐色，嫩枝为青绿色，叶子为近圆形，两面均无毛。这种树的圆锥花序顶生，花呈紫色，花萼有5深裂。蓇葖果在成熟前开裂，种子为淡黄褐色、圆球形，是红嘴蓝鹊等鸟类喜欢的食物。

近年来，植物学家通过对丹霞梧桐的研究，发现在丹霞山以外的广东南雄丹霞地貌、英德喀斯特地貌和福建等地的丹霞地貌区域均有少量分布。据此，植物学家开启了对丹霞地貌区域植物物种的研究，目前初步认为存在丹霞区系。

生态学家利用丹霞梧桐极度耐干旱和耐贫瘠的特点，尝试在石漠化地区种植丹霞梧桐以改善生态系统。目前在乳源喀斯特石漠化地区种植的丹霞梧桐幼苗长势良好，让我们一起期待丹霞梧桐成为石漠化、荒漠化地区生态修复的先锋物种！

挑战任务

为丹霞梧桐制作一张专属名片。

中 文 名：_____　　科：_____

拉丁学名：_____　　属：_____

保护级别：_____　　分布区域：_____

主要特征：_____

研学知识点3：细美寨

　　丹霞山拥有数百座大小不等的石峰、石堡、石墙，其中稍大的山峰上或岩洞中大多建有山寨，开放景区内有细美寨、巴寨等，未开放景区还有近百处的古山寨。所谓逢山有寨、逢寨有门、逢门必险。这些山寨曾是先民躲避战乱、免遭灾祸的临时居住地，现在则为难得的山寨文化遗存，是考察先民生活方式的重要场所。

　　细美寨，又名米筛寨，建于明崇祯年间。细美寨三面皆悬崖峭壁，地势异常险要，一面有石级可登，扼上山之咽喉。寨内残存山门两重，"重修细美寨"摩崖全文共126字，记载了细美寨开凿的历史与原因。2019年4月，细美寨被列入广东省文物保护单位。

　　细美寨向西侧的下山通道，为坡度较大的石阶路，称为九九天梯，刻凿于丹霞组锦石岩段风成砂岩中，石阶上发育细密的龟裂。天梯下端可见一个巨大浑圆状的石蛋，它是砂岩被两组节理切割后经风化磨圆而成的，这一形成过程称为球状风化。

▲ 龟裂和球状风化（摄影：陈留勤）

▲ 细美寨（摄影：黄晓军）

第 7 课 雄风最宜是朝阳——阳元山（5 号线）研学课程

研学知识点4：常绿阔叶林生态系统

常绿阔叶林以其森林外貌终年常绿和林冠覆盖度大于60%为特征，是世界五大森林生物群区之一。常绿阔叶林在东亚亚热带地区发育最为典型，以壳斗科、樟科、山茶科及木兰科植物为其建群种或优势种，在世界植被中占有重要地位。丹霞山保存了良好的常绿阔叶林植被系统，是一个观察、研究该系统的天然实验室。常绿阔叶林群落外貌终年常绿，一般呈暗绿色而略闪烁反光，林相整齐，由于树冠浑圆，林冠呈微波状起伏。整个群落内部的结构复杂，仅次于热带雨林，可分为乔木层、灌木层和草本层三层，同时林内还常分布有层间藤本植物及附生植物。

常绿阔叶林中的生物资源极为丰富，许多树种具有极高的经济价值。例如樟科、壳斗科植物中包括了大量的优良木材植物，它们在建筑、枕木制造、家具制造、造纸、雕刻等方面具有广泛的利用价值。

▲ 常绿阔叶林生态系统（摄影：杜海鸣）

研学知识点5：云崖栈道砂岩风化

站在阳元山东侧陡峭的云崖栈道中部，我们可以一览无余地看到东南方向的锦岩大赤壁和锦江曲流河地貌。这条栈道是沿着一条垂直节理修建的，我们沿着栈道可以看到丰富的砂岩风化现象，比如龟裂和小型蜂窝状洞穴等。这些风化现象是岩石在自然条件下受到风吹、雨打、日晒等的作用及盐类物质在岩石表面或裂隙内反复生长-溶解而产生的物理和化学变化，是自然界中常见的现象。

▲ 云崖栈道和砂岩风化（摄影：陈留勤）

研学知识点6：风车岩穿洞

从细美寨下山途中，我们会经过一个穿洞，它形似风车的叶片，所以称为风车岩。当坐在这个穿洞里面，我们能明显感觉到风的流动。

风车岩主要由厚层砂岩夹薄层泥岩组成，近水平的层理面与倾斜的节理面相交，导致岩石发生破碎，加速了风化作用，随着时间的推移，岩块崩塌并最终形成穿洞。由于穿洞的位置相对较高，风的对流速度加快，强风的吹蚀作用加剧了穿洞正常的风化作用，洞口也会越来越大。

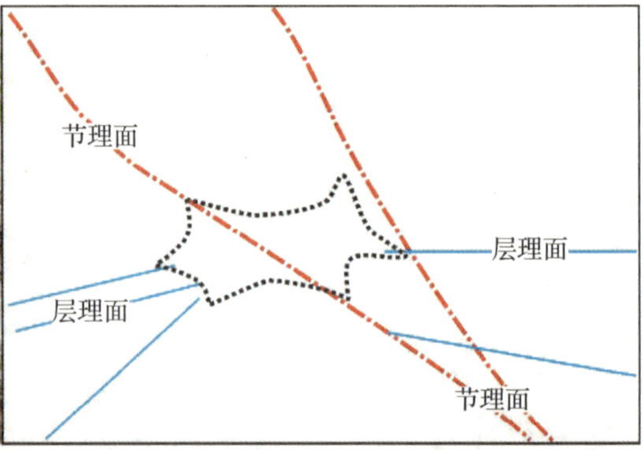

▲ 风车岩穿洞（摄影：陈留勤、曾明）

研学知识点7：喀斯特石柱

从细美寨一路下山，在阳元山北坡一块凹进的水平洞穴外侧，我们发现了一个个小石柱，这正是一个丹霞地貌中的喀斯特现象。

丹霞地貌的砾岩中，许多砾石是石灰岩，其主要成分是碳酸钙，此外，无论是砾岩还是砂岩，它们的胶结物中也都含有钙质。随着时间推移，岩石裂隙中的水会将钙质溶解，以碳酸氢钙的形式保存在水中。这些含钙的水沿裂隙向下渗透，部分钙质就会从水中析出，在岩石表面凝结成灰白色的钙华。最初，这些钙质基本是沿岩石的表面堆积，呈松散状，日久天长，它们会形成小型的钟乳石，甚至石柱。

▲ 喀斯特石柱（摄影：陈留勤）

在丹霞群山中，有着许多特殊的地质现象等待我们去探索、去发现。由于我们所看到的这种石柱是在开放环境中形成的，所以它们的质地不纯，结构不够致密，形态也不规则。

▲ 喀斯特石柱研学考察

研学知识点8：晒布岩

当我们上山下山，一路攀缘来到阳元山山脚下，回望整座阳元山的北坡，它犹如一个巨大的屏风耸立在山间。正应了一句古诗——"横看成岭侧成峰"！

阳元山北坡表面有近似均匀分布的沟槽，远看这些平行的沟痕，犹如过去的晒布场。因此，阳元山的北坡也被称为晒布岩。在丹霞地区，这种地貌极为普遍。

▲ 晒布岩

 研学知识点9：萤火虫生境

晒布岩下的湿地群落是萤火虫的栖息地。每年5—10月的傍晚，太阳刚刚落山，成千上万的萤火虫就飞舞起来，把丹霞山变成了林间仙境。

萤火虫是鞘翅目萤科昆虫的俗称，有很多种类能够发光。在影视作品中，萤火虫出现的场景总是那么梦幻而甜蜜。

然而，很少有人知道，在萤火虫美丽的背后也有着冷酷的一面。萤火虫在小的时候完全是肉食性的，经常以蜗牛、蛞蝓（kuò yú）、蚯蚓以及一些贝类为食。成年的萤火虫才开始以花蜜和花粉为食。

萤火虫也是极为脆弱的，它从卵→幼虫→蛹→成虫都需要非常洁净的溪流和湿地环境。我们小时候常常在稻田边见到的萤火虫现在已经不见了，是因为农药和化肥的使用使得稻田生境发生了变化。萤火虫只有在丹霞山这种生态环境保护得非常好又具备溪流湿地保育环境的地方才能幸存下来。

▲ 萤火虫生境

 挑战任务

为了保护丹霞山的萤火虫，我们要怎么做呢？

1. 不捕捉萤火虫，把它留在自己的家；
2. 不乱丢垃圾，保护好生态环境；
3. 不用除草剂，不破坏生态平衡；
4. 观赏萤火虫时不大声说话，不带光源干扰；
5. 不观看城市里举办的萤火虫表演，不为猎捕萤火虫的人买单；
6. 尽量减少碳足迹，保护地球家园。

> 🔋 能量补给站

● 晒布岩的横向和竖向沟槽是如何形成的呢？

结合之前我们学到的地质风化作用、流水的侵蚀和溶蚀作用的相关知识，加上丹霞山气候湿润，这些竖向沟槽很可能是流水长期冲刷出来的。在丹霞山崖壁上，常常会发现这些自上而下的深浅相间、颜色明显不一致的垂向沟痕。这些痕迹正是流水常年经过的证据。

那么，与崖壁顶部平行的横向沟槽又是如何形成的呢？我们再回忆一下之前学习过的砂岩砾岩差异风化，这里应该是较为软弱的泥岩风化剥蚀，逐渐形成横向沟槽。可以想象，随着这些沟槽的深入侵蚀，还会导致岩石崩塌形成大型洞穴。这也是丹霞山横向节理上发育的平行洞穴较多的主要原因。

● 萤火虫为什么会发光？

萤火虫有专门的发光细胞，在发光细胞中有两类化学物质，一类是荧光素，一类是荧光素酶。萤火虫的尾部有一些气孔。当需要发光时，萤火虫就会把气孔打开，这样空气就会进来，荧光素在荧光素酶的催化下，与空气中的氧气发生反应，从而发出光。这个反应非常高效，几乎95%的能量都会转化成光能，而转化成热能很少很少，所以这种光也被称为"冷光"。那萤火虫发光到底有什么作用呢？其实，萤火虫也不是一直亮着，它们通过控制尾部的气孔来调节光的明暗和亮灭，这样一来，不同的明暗、亮灭组合就传递出不同的信息。萤火虫的求偶、警戒、诱捕，以及与同类之间的沟通都是通过这种方式来进行交流的。

▲ 萤火虫

如果我们能够利用萤火虫的发光原理，开发出高效、环保的照明技术，将有助于减少能源消耗和环境污染。此外，萤火虫的发光原理还可以应用于其他领域，如生物医学、化学分析等。

研学知识点10：沿途常见的动植物

银环蛇和白环蛇

蛇类是爬行动物中极具代表性的、变温的脊椎动物。虽然它们的名字可能会让很多人感到恐惧，但在正常情况下，蛇类很少主动攻击人类。

蛇不能像人类一样进行咀嚼，它们吃东西时是整体吞咽。这使得蛇的颌骨发生了变化，其中方骨使它的嘴可以打开到几乎180°，再加上下颌骨可以横向移动甚至脱臼，这使蛇可以吞下比自己头大很多的食物，蛇成了名副其实的"大胃王"。

蛇类有四种常见的移动方式：蜿蜒式、伸缩式、侧形式和履带式。这些移动方式反映了它们的生活环境和身体形态。为了在狭小空间中更好地移动，蛇类进行了不可思议的演化。它们拥有数百块脊椎和一万多块肌肉，配合腹部的鳞片来完成爬行。为了适应细长的体型，蛇类的内脏也发生了巨大变化，左肺严重退化，右肺变得细长。心脏和胃部更是人类目前无法

▲ 银环蛇

超越的存在：它们的胃绒毛会在进食期间迅速变长、变大，心脏也会随之变大，来配合胃部进行快速吸收。当食物消化结束，这些器官会慢慢地缩回原来的大小。甚至在没有食物的时候，蛇身体内的很多器官会进入几乎休眠状态，这也使得它可以很久不需要吃东西。

▲ 白环蛇

在丹霞山夏季较为常见的是银环蛇，眼镜蛇科的一种毒蛇，它是中国毒性最强的蛇类，致死率非常高，是中国致人死亡数量最多的毒蛇。毒蛇的毒牙有管状毒牙、前沟牙和后沟牙等不同类型，银环蛇的毒牙为前沟牙。不同的毒蛇还有着不同的毒液，有些是血液型毒液，有些是神经型毒液，还有些是混合型毒液，银环蛇毒液以神经性毒液为主。

白环蛇与银环蛇非常相似，但白环蛇是无毒的。两者最直观的区别是：白环蛇是棒状体型，而银环蛇是三棱柱状体型。在漫长的演化中，白环蛇选择了模仿银环蛇的外表，通过瞒天过海、张冠李戴，从而获得更多生存机会。

红脖颈槽蛇和广东颈槽蛇

红脖颈槽蛇是一种后毒牙蛇类，过去学术界一直认为它是无毒蛇。然而，现在动物学家发现，红脖颈槽蛇的后牙有毒，被它前边的牙齿咬到确实无毒，但被后牙咬到则会致人死亡难以救治。

当红脖颈槽蛇受到惊吓时，它会像眼镜蛇一样抬起身体前部，并且前端膨扁，局部皮肤扩张，背鳞间露出猩红色，借此来恐吓敌人。

广东颈槽蛇是2014年在丹霞山发现的新物种，由中山大学王英永老师团队在野外发现和认定。它也属于颈槽蛇的一种，一般活动于阴湿的崖壁间，在丹霞山较为常见。

▲ 红脖颈槽蛇

▲ 广东颈槽蛇

小贴士

嘿！小伙伴们，这里有蛇，不要擅自走出游道。为了防止被蛇攻击，野外研学时一定要穿上保护脚踝的运动鞋，以免受伤害。

第 7 课　雄风最宜是朝阳——阳元山（5号线）研学课程

能量补给站

● 在野外不想遇到蛇,我们该怎么办?

"打草惊蛇"是一个众所周知的成语。如果我们并不是专注于蛇类研究的人员,但又担心在蛇类频繁出没的地区遭遇蛇类,那么可以考虑使用"打草惊蛇"的方法来防备。具体做法是在行走的同时,持续用木棍或登山杖等工具敲击路边的杂草或灌木,这样蛇类就会提前察觉到我们的存在,从而避开我们。

● 在野外遇到蛇,我们怎么办?

丹霞山有很多蛇类生存,包括银环蛇、红脖颈槽蛇和竹叶青蛇等毒蛇,只要游客在景区的游步道上正常行走,不擅自走出游步道惊扰野生动物,一般不会遭到蛇类等野生动物的主动攻击。如果在野外遇到蛇,以下是一些应对方法:

1 当距离蛇较远时,慢慢向后退,不要发出声响,以免惊动蛇。

2 当距离蛇较近时,最好保持静止,一般情况下蛇不会主动攻击,可以安静地等它离开。

3 如果真的被蛇攻击,最好就地拣一根结实的树枝,用力敲打它柔软的腹部让它负痛逃走。

果子狸

果子狸，是一种非常可爱的灵猫科动物，已被列入《有重要生态、科学、社会价值的陆生野生动物名录》。它们有着一双明亮的大眼睛，喜欢在树枝上栖息，就和鸟类一样。果子狸是杂食性动物，喜欢吃各种果子，其中特别喜欢苹果。它们的身上还会散发出淡淡的果香。

虽然果子狸胆子比较小，见到人时会远远地避开，但在遇到紧急情况时，它们会放出难闻的臭气来吓走敌人，保护自己。如果这样还不行，它们也会毫无畏惧地用尖牙、利爪投入战斗。

这么可爱、灵巧又聪明的动物是林间的精灵，我们不应该打扰它们，而是应该尊重它们的生活习性。

小贴士

嘿！小伙伴们，我们应该与野生动物和平相处，互相尊重，共同维护美好家园！

▲ 果子狸（摄影：陈再雄）

南酸枣

形状类似大枣而味酸，故名酸枣，主要产于中国南方省区，遂称南酸枣。南酸枣跟大红枣、酸枣都没有太大的亲缘关系，而是一种漆树科南酸枣属、高达15~20米的高大落叶乔木。说起来，南酸枣跟芒果、腰果和漆树倒是同一科不同属的"一家人"。树干高大挺直，叶子是羽状复叶，果实是黄色的椭圆形或倒卵形，它的果肉即便是成熟落地，吃起来也是非常酸的，让人难以下咽，不过在美食家的眼里，这么富含胶质的野果怎么能放过呢，我们常吃的酸枣糕其实就是用它制作而成的。除此之外，它的果核坚硬，形状圆润，一头通常有五个小眼，晒干后可以做手链、项链，俗称"五眼六通"。

▲ 南酸枣（摄影：陈再雄）

桃金娘

当我们听到桃金娘这个名字时，可能有很多人会想到英国小说《哈利·波特》中的那位爱哭泣的桃金娘。但实际上，桃金娘也是一种非常美丽的植物，它会在夏天开花，其艳丽的程度可以用"灿若朝霞"来形容。桃金娘不仅花朵艳丽，果实也味道鲜美。此外，桃金娘还具有活血通络、补虚止血的药用价值。不过，需要注意的是，如果桃金娘果实吃多了，舌头会变黑哦。

桃金娘的繁殖方式有多种，可以通过种子繁殖，也可以进行扦插繁殖。对于自然考察爱好者来说，一定要知道桃金娘最重要的特点是：它是酸性土指示植物。因此，只要我们发现了桃金娘的存在，就可以大致推测出这里的

▲ 桃金娘（摄影：陈再雄）

土壤为酸性。此外，很多植物都可以作为指示植物，甚至一些藻类还能帮助我们判断一个地区是否被污染。

植物们的生活是非常有规律的，它们喜欢阳光就会生长在阳面，喜欢阴暗就会生活在阴面或沟壑里。山的南面和水的北面为"阳面"，反之则为"阴面"。在丹霞山特殊的地貌下，很多植物在山体中形成了环腰翠绿的情况，这成了丹霞特殊环境中的一道亮丽风景线。

👍 挑战任务

山南为阳，水南为阴。我国有很多城市遵循这一命名原则，喜欢用"阴""阳"字命名，把你知道的城市与对应的山川名字写下来吧~

（举个例子：衡阳—衡山之南；汉阳—汉水之北；淮阴—淮河之南）

鬼针草

▲ 鬼针草（摄影：陈再雄）

鬼针草是一年生的草本植物，茎直立且呈钝四棱形。它们属于菊科植物，具有很强的适应性。这些植物的种子主要依靠动物进行传播。鬼针草种子的顶端通常有三根尖锐的倒钩刺，当动物经过时，这些倒钩刺会牢固地钩在动物的身上，从而帮助种子传播到其他地方。

两面针

两面针是一种木质藤本植物，它的茎、枝、叶轴下面及小叶中脉的两面都长有钩状的皮刺。经过研究发现，两面针中含有抑制DNA异构酶的成分，这种酶在DNA合成过程中起着重要的作用。因此，对DNA异构酶的研究对于开发抗癌药物具有重大意义。除了这些，两面针还具有杀菌作用，因此被用于制作中草药牙膏，具有防蛀、固齿的效果。

▲ 两面针（摄影：陈再雄）

除了以上动植物，在野外，我们还可能见到坡普腹链蛇、中国小头蛇、台湾小头蛇等蛇类动物。同时，还有杉木、蕨类植物、毛鳞省藤、华山姜、枇杷叶紫珠、金毛狗等植物。种类繁多的动植物为生态环境的多样性和平衡提供了重要的支持。

能量补给站

● **什么叫物种？丹霞山发现了多少个物种？**

物种，是生物分类学的基本单位。物种是互交繁殖的相同生物形成的自然群体，与其他相似群体在生殖上相互隔离，并在自然界占据一定的生态位。物种强调个体间等交配并产生可育的后代。一个物种可以有多个种群。截至2024年1月，在丹霞山已发现5542个物种，其中植物2270种、动物2319种、大型菌类351种、微生物602种。

● **什么叫新物种？丹霞山发现了多少个新物种？**

新物种，是当某一科学工作发现并命名某一未被命名的物种时，就将它叫作新物种。截至2024年1月，在丹霞山已发现了动物、植物、菌物和微生物的新物种41个。随着科学考察的深入开展，还将会有更多的新物种被发现和被命名。

● **什么叫特有物种？丹霞山发现了多少个特有物种？**

特有物种，是因历史、生态或生理因素等原因，造成分布仅局限于某一特定的地理区域或大陆，而未在其他地方中出现的物种。在丹霞山已发现的41个新物种中，绝大部分是特有物种。

● **什么叫新纪录种？**

新纪录种，是新分布记录的物种，即一种学名已知的生物在本国或本省以前尚未记载，而现在发现了它的分布。例如，随着中华秋沙鸭、黄胸鹀、琵嘴鸭等在丹霞山被拍摄和记录下来，丹霞山的鸟类种类逐年增长，已经达到了282种。特别是在每年的秋冬候鸟迁徙季节，丹霞山都会发现新纪录鸟种。

第 8 课

鬼斧神工天生桥

——通泰桥（6号线）研学课程

▲ 通泰桥

第 8 课 鬼斧神工天生桥——通泰桥（6号线）研学课程

课程简介

在本条路线我们将看到通泰桥、天门关、海豹石、云门崩积穿洞、混元洞、狮子岩、狮子岩庙遗址等。通泰桥悬跨鹧鸪寨半山腰，是丹霞山典型的天生桥。云门崩积穿洞妙趣横生，海豹石浑然天成。

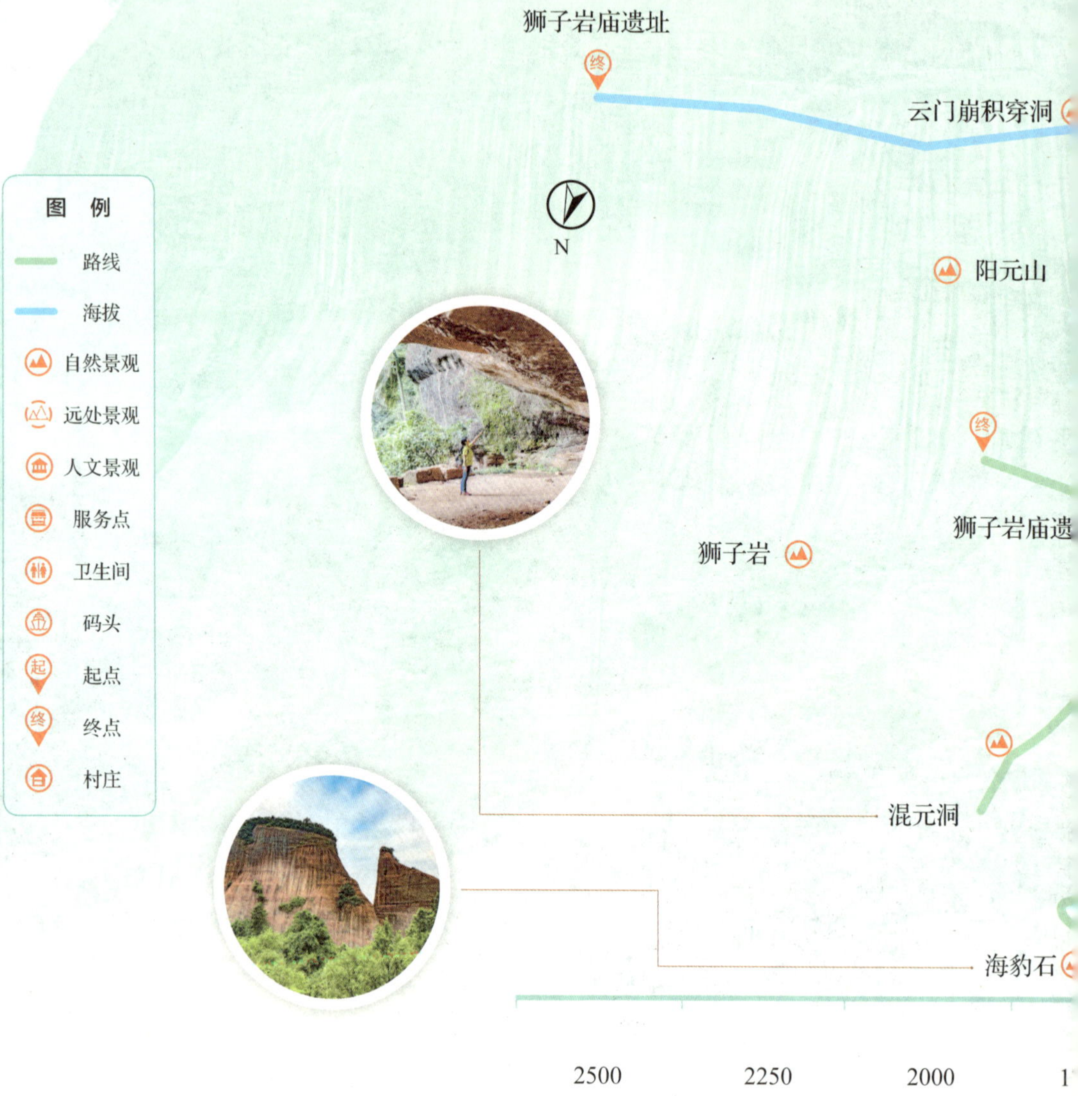

图 例
- 路线
- 海拔
- 自然景观
- 远处景观
- 人文景观
- 服务点
- 卫生间
- 码头
- 起点
- 终点
- 村庄

狮子岩庙遗址
云门崩积穿洞
阳元山
狮子岩
狮子岩庙遗
混元洞
海豹石

2500　　2250　　2000

第 8 课 鬼斧神工天生桥——通泰桥（6号线）研学课程

⏱ 时长

约2小时。

📍 研学路线

通泰桥→螣蛇坳→海豹石→云门崩积穿洞→混元洞。

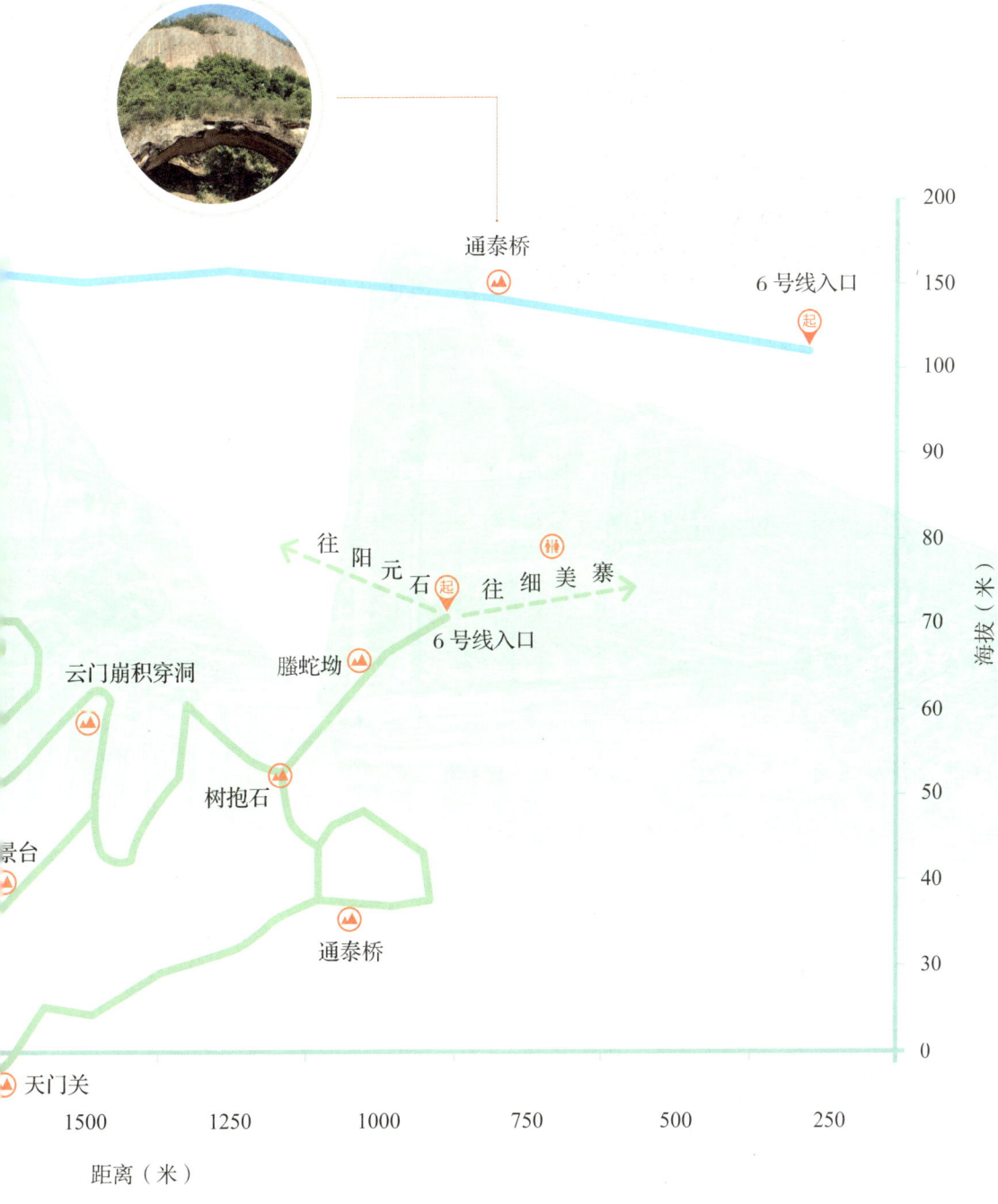

研学知识点1：通泰桥

▲ 通泰桥（摄影：刘加青）

从阳元山下来，我们从岔路口一路往西北方向走，然后沿着蜿蜒的山路向上，去寻找一座浑然天成的石桥。无论何时，只要我们回头看，都能看见身后的晒布岩，沿途的植被也是郁郁葱葱。很快我们就来到了丹霞山最著名的天生桥——通泰桥。

通泰桥像首尾隐没于山中的一条巨龙，特别壮观，有"岭南第一桥"的美誉。通泰桥长约50米，跨度38米，拱高15米，宽6~8米。它不仅高大，而且桥面宽阔、平整，可以容纳两辆轿车并行。

挑战任务

通泰桥的形成是一件非常神奇的事情，它是由多种因素共同作用形成的，请你分析一下这些主要因素可能的作用结果。

通泰桥成因调查记录表

因素		主要作用结果
内因	岩石构造节理	
外因	重力前塌	
	风化、流水侵蚀	

研学知识点2：崩积岩块和生物风化

在通泰桥下的滕蛇坳沟谷中，我们可以看到许多从山体上崩落下来的巨大岩块，它们散落堆叠在一起，称为崩积岩块。沿途，我们还可见到岩块被植物根系包裹。这些植物为了生存，会分泌酸性物质来分解坚硬的岩石，从而牢牢地抱住或包住石壁。这是因为石头的颗粒之间主要是钙质胶结，而酸性物质可以溶解钙质，为植物的根系提供了生长的空间。这个过程被称为生物风化。

地质科学家在科学考察过程中也经常利用这一原理。例如，使用盐酸来测试岩石或矿石的成分。我们可以在家里利用食用醋、鸡蛋壳或贝壳进行酸的腐蚀试验，观察它们会发生怎样的反应。

▲ 岩块被植物根系包裹（摄影：陈留勤）

研学知识点3：海豹石

　　海豹石西侧为绝壁，山顶的地势起伏恰好构成了形似海豹的轮廓，砂岩与砾岩交互出现形成的层理以及砂岩中的大型层理好像海豹的皮肤，崖顶裂隙上生长的灌木俨然成了海豹的胡须。从远处看，犹如一只昂首向天的海豹，栩栩如生。西南的金牛山，与海豹石遥相呼应。

　　金牛山被繁茂的植被环绕，如置于绿色海洋中的孤岛，旁边准备登岸的这只"石海豹"在向这个小岛张望。其实，"海豹"和"海岛"原来是连着一起的，一条小型断层将它们分开。

▲ 金牛山与海豹石

能量补给站

● 什么是断层?

断层是地壳受力发生断裂,沿破裂面两侧岩块发生明显相对位移的构造。断层的规模大小不等,大者沿走向延伸可达上千千米或更长,向下可切穿地壳,且通常由许多条次级断层组成,所以也称为断裂带;小者以厘米计,可见于岩石标本中。

根据上下盘的相对运动,断层可以分为正断层、逆断层和平移断层三大类。

正断层:上盘(位于断层面上方的岩体)相对下移,下盘(位于断层面下方的岩体)相对上移。

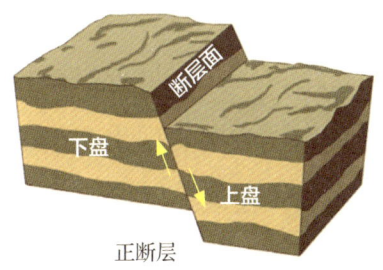

正断层

逆断层:与正断层相反,上盘相对上移,下盘相对下移。

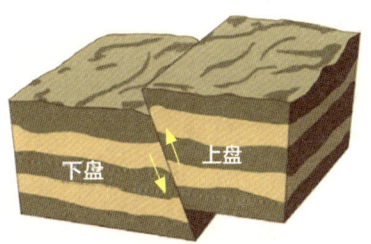

逆断层

平移断层:岩体沿水平方向移动,没有上下位移。

平移断层

研学知识点4：混元洞

在到达狮子岩北麓半山腰时，我们可以看到一个大型的风化扁平洞穴——混元洞。早在秦汉以前，这里就有人活动。这里地形封闭，植物茂盛，环境清幽，是一块凡尘不染之地。

混元洞的形成原因与丹霞山其他大型水平洞穴一致，都是沿着近水平的软岩风化而成。在这里可以让我们清楚地了解到岩性是如何影响到丹霞地貌的。

丹霞地貌的红层主要由红色砂砾岩组成，而这些砂砾岩却不是均匀分布的，这使得红层呈现出两种性质不同的岩石——软岩和硬岩，它们在面对外力作用时所表现出来的不同"抵抗能力"造就了丹霞山不同形态的地貌。例如，在混元洞，由泥质岩和粉砂岩形成的软岩，质地比较松软，容易被风化侵蚀掉，形成了洞穴；而由砾岩形成的硬岩，不易受到风化侵蚀，顽强地留了下来，形成了洞穴顶部。

▲ 混元洞

> 能量补给站

● 如何辨别砂岩、粉砂岩和泥岩？

首先，我们肉眼观察石头有没有明显的颗粒感，如果看上去有明显的颗粒感，并且用手触摸感觉粗糙的话，我们认为它是砂岩。

如果肉眼看起来没有颗粒感，但用手抚摸却有明显的颗粒感，我们认为它是粉砂岩；如果看起来和摸起来都很光滑，用牙齿咬也完全没有颗粒感*，那它是泥岩；但如果咬起来偶尔有一点点硌牙，就证明里面有很少的粉砂质，那我们认为它是粉砂质泥岩。

▲ 砂岩、粉砂岩、泥岩分层（摄影：余东亮）

你不用觉得不可思议，其实在两三百年前，在还没有现在的高精度仪器时，地质学家们便是这样在野外分辨岩石种类的；后来，随着科技发展，各种高精度仪器产生，地质学家们才正式地用粒径来划分沉积岩的类型。实际上，在野外，用眼睛看、用手摸、用牙齿咬，就可以初步分辨沉积岩的种类。

通过视觉、触觉来分辨岩石

岩石种类	看	摸	咬
砂岩	有颗粒	有颗粒	
粉砂岩	光滑	有颗粒	
粉砂质泥岩	光滑	光滑	略微硌牙
泥岩	光滑	光滑	不硌牙

* 安全提醒：小伙伴要注意保证卫生哟！

> 挑战任务

看完混元洞，我们再仔细观察一下，这里的软岩可不止一种岩性哦，利用你刚学会的砂岩、粉砂岩、泥岩的判别方法，和小伙伴们一起仔细数一数，这里一共有几种岩性？这里还集中出现了泥裂构造和岩楔。让我们做一个混元洞地质小调查吧！

混元洞调查记录表

基本信息	时间	
	地点	
	调查人	
调查内容	洞穴形态大小描述	
	岩层	岩性描述	
		成因分述	
	构造	构造分析	
		成因分析	

研学知识点5：崖壁植物

我们行走在丹霞山步道上，一路可以欣赏到崖壁上繁茂生长的各种植物，包括丹霞小花苣苔、忽地笑、萱草、卵圆唇柱苣苔、圆叶小石积、紫背天葵、旋蒴苣苔、翠云草、黄花石蒜等。

▲ 崖壁植物研学考察

在春夏两季，这些崖壁植物纷纷绽放花朵，将陡峭的石壁装点成一幅五彩斑斓的画卷。这些崖壁植物的特点十分鲜明。首先，它们通常低矮小巧，结构紧凑，常见的生长形态是垫状、丛生状或蔓生型。其次，这些植物的根系非常强大，它们会产生酸性分泌物，分解岩石，使根系能够深入其缝隙中。此外，这些植物还具有很强的抗逆性，特别是抗旱和耐瘠薄土的能力特别强。这使得它们能够在丹霞山这种特殊的地形环境中生长繁茂，形成一道独特的岩壁植物景观。

▲ 丹霞小花苣苔

▲ 忽地笑

▲ 萱草

▲ 卵圆唇柱苣苔

▲ 紫背天葵

▲ 旋蒴苣苔

圆叶小石积是一种形态优美、特征显著的崖壁植物,具有顽强的生命力。它姿态苍劲有力,一年四季都呈现出不同的美感,尤其是在春天,圆叶小石积叶色新绿,生机勃勃,与繁多的小白花相映成趣,散发出淡淡幽香,十分迷人。

▲ 圆叶小石积

紫背天葵是一种多年生的草本植物,它没有明显的茎,只有地下变态茎,就像一个小土豆,但直径只有7~8毫米,并且有很多纤维状的根。紫背天葵的叶子从基部生长出来,每个叶子都有长柄,所以我们只能看到它的叶子和叶柄,看不到茎。

挑战任务

圆叶小石积的叶子形态特别似羽毛,那么它的叶子属于什么类型呢?你可以通过下面的图例鉴别一下。

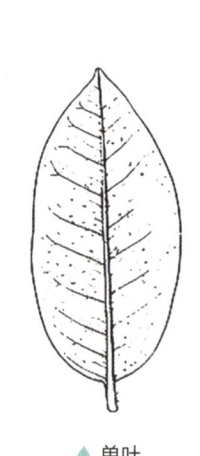

奇数羽状复叶　　偶数羽状复叶　　二回羽状复叶　　掌状复叶

▲ 单叶　　掌状三出复叶　　羽状三出复叶　　羽状三出复叶　　单身复叶

▲ 复叶

通过你观察到的紫背天葵,拿起小画笔,将紫背天葵整株植物简单地画出来,并且标注上它每一部分的名称。

紫背天葵调查记录表

植物名称		记录人	
植物形态（绘制）			
观察地点		记录时间	

研学知识点6：亚热带森林藤本景观

藤本植物是一种不能自己直立生长、需要攀附在其他物体上才能生长的植物。在丹霞山植物区系中,藤本植物种类非常丰富,因为这里的气候具有热带性质。

在丹霞山,有一种叫作葛藤的植物。它的叶子由三片小叶子组成,即为"三出复叶"。如果在6—8月来到丹霞山,你还可以看到它开出紫红色的花朵,每朵花看起来像一只小蝴蝶。

另外一种藤本植物是酸叶胶藤。摸一下它的藤,感觉像是在摸木头,因为它是一种木质的大型藤本植物。如果我们折断它的枝条，断口处会流出白色的乳汁。此外，叶子的中脉尝起来还有一股浓浓的酸味，酸叶胶藤也因此得名。它的花是一朵朵小小的、粉红色的，密密麻麻地长在高处，远远看去，就像是飘在绿叶子上的一片粉红色云朵。

▲ 葛藤　　　　　　　　　　　　　　　　▲ 酸叶胶藤

随着城市的发展，可用于绿化的土地变得越来越少，取而代之的是各种建筑物和道路。为了增加绿化面积，园林绿化人员开始尝试让植物攀爬在墙上。丹霞山拥有丰富的藤本植物资源，其中一些花色艳丽者，如大果油麻藤和禾雀花；还有一些生长迅速者，如酸叶胶藤和葛藤。这些植物未来都有可能被引入城市，成为路边墙上的新绿化植物，进一步增加城市的绿化面积。

研学知识点7：沿途常见的动植物

羊角拗

《岭南采药录》中曾记载："羊角藤，蔓生。其叶似柳叶，结荚如羊角。"羊角拗，它的名字来自果实的形态，就像是羊角一样。羊角拗一般生存在丛林里，只需要少量的水和阳光，就可以存活，展现出很强的适应性。羊角拗的药性很广泛，主要使用根和茎入药，甚至还有辅助治疗蛇伤的功效。然而因为它的根和茎都有较强的毒性，有人将其称为"断肠草"，所以人们在选择这种植物来进行治疗时会特别当心。

▲ 羊角拗果实

小贴士

嘿！小伙伴们，羊角拗全株有剧毒，千万要当心！

▲ 羊角拗开花

北江铁线蕨

北江铁线蕨的外形与圆叶铁线蕨相似。作为地球上出现非常早的蕨类植物，它们通常比较喜欢阴暗、潮湿的环境，繁殖方式也是古老的孢子繁殖。北江铁线蕨根状茎短而直立，每个羽片叶上会有一个孢子囊群，叶子属于奇数羽状叶。从根部到顶部，羽状叶形状相似但会逐渐变小。

▲ 北江铁线蕨

莽山角蟾

莽山角蟾是我国分布广泛的大型角蟾之一，常见于南岭山区及其余脉。雄性莽山角蟾的体长为5~6厘米，而雌性的体型要大一些，为6~7厘米。它们喜欢端坐在溪边岩石上等待猎物经过，类似于守株待兔。

▲ 莽山角蟾

角蟾的"角"是指其上眼睑边缘向外延伸的角状突，这是角蟾亚科动物的特征。有学者推测其有模糊头部形状、利于隐蔽的作用。角状突的发达程度因属、种不同而存在差异。例如，分布于东南亚的角蟾属成员就有着极为发达的三角形角状突，而主要分布于我国的布氏角蟾属成员多数仅有突起的角状突粒，莽山角蟾所处的异角蟾属仅能看到眼睑上方有些许突起，而无耳蟾属的成员则完全看不出角的痕迹。

在丹霞山，我们还可以见到其他物种，比如长肢林蛙、棘胸蛙、大树蛙等。

▲ 长肢林蛙

▲ 棘胸蛙

▲ 大树蛙

能量补给站

● 蛙类在丹霞山是怎么演绎"天籁之音"的?

蛙类是我们生活中比较容易观察与接近的生物物种之一。蛙类生存的难易程度,其实也直接反映水域或土壤的质量。蛙类是众多昆虫的天敌,比如蚊蚋、螟蛾、蝗虫、棉铃虫、蝼蛄、蝇类等,一旦蛙类的生存受到威胁,人类的农牧业甚至是环境势必将会出现重大的问题。"稻花香里说丰年,听取蛙声一片"就充分体现了人与自然的和谐相处。

▲ 泽陆蛙

夜晚带着手电,走在阳元石至通泰桥的步道上,我们可以观察到丹霞山富有华南特色的可爱蛙类,包括泽陆蛙、沼水蛙、虎纹蛙、斑腿泛树蛙、大树蛙等。在观察过程中,同样可以注意蛙类的幼体:蝌蚪。蛙类是两栖动物的一大类群,具有"变态发育"的过程。同时,同一种蛙类,体色常随栖息环境变化而改变。例如丹霞山常见的斑腿泛树蛙,一般背面为浅棕色,在强光且干燥的环境下便呈浅棕色或浅黄棕色,在暗处常变为深棕色。观察斑腿泛树蛙时,还可以留意它的产卵繁殖行为:雌蛙先以左、右足部将排出的胶质搅拌成泡沫,随后产出卵;雄蛙排出的精液也被搅拌在泡沫中,这种动作是多次进行的。产卵活动全部完成后,卵群外形成白色的卵泡;随后表面部分逐渐变为米黄色。卵泡的黏性颇强,常黏附在水坑、稻田的土壁上。

▲ 沼水蛙

▲ 虎纹蛙

▲ 斑腿泛树蛙

丹霞山青少年研学手册

第9课
欸乃一声丹霞红
——水上丹霞（7号线）研学课程

▲ 锦江画廊（摄影：刘加青）

第 9 课 欸乃一声丹霞红——水上丹霞（1号线）研学课程

课程简介

在本条路线我们将沿着锦江欣赏丹霞地貌，从水上丹霞码头乘船出发，沿途，近距离欣赏到狮头岩、睡美人、群象出山、仙人插掌、鲤鱼跃龙门、金龟朝圣、六指擒魔、古采石场等景观。同时，还可远眺到拇指石、巴寨、茶壶峰、观音石等壮丽的自然风光。

小贴士

嘿！小伙伴们，乘船时，务必遵守安全规定，穿救生衣，保持船边距离，听从指挥，以确保自己及他人安全！

时长

约2小时。

研学路线

水上丹霞码头→睡美人→断石村→群象出山→仙人插掌→凉伞石→赤壁丹崖→六指擒魔→古采石场。

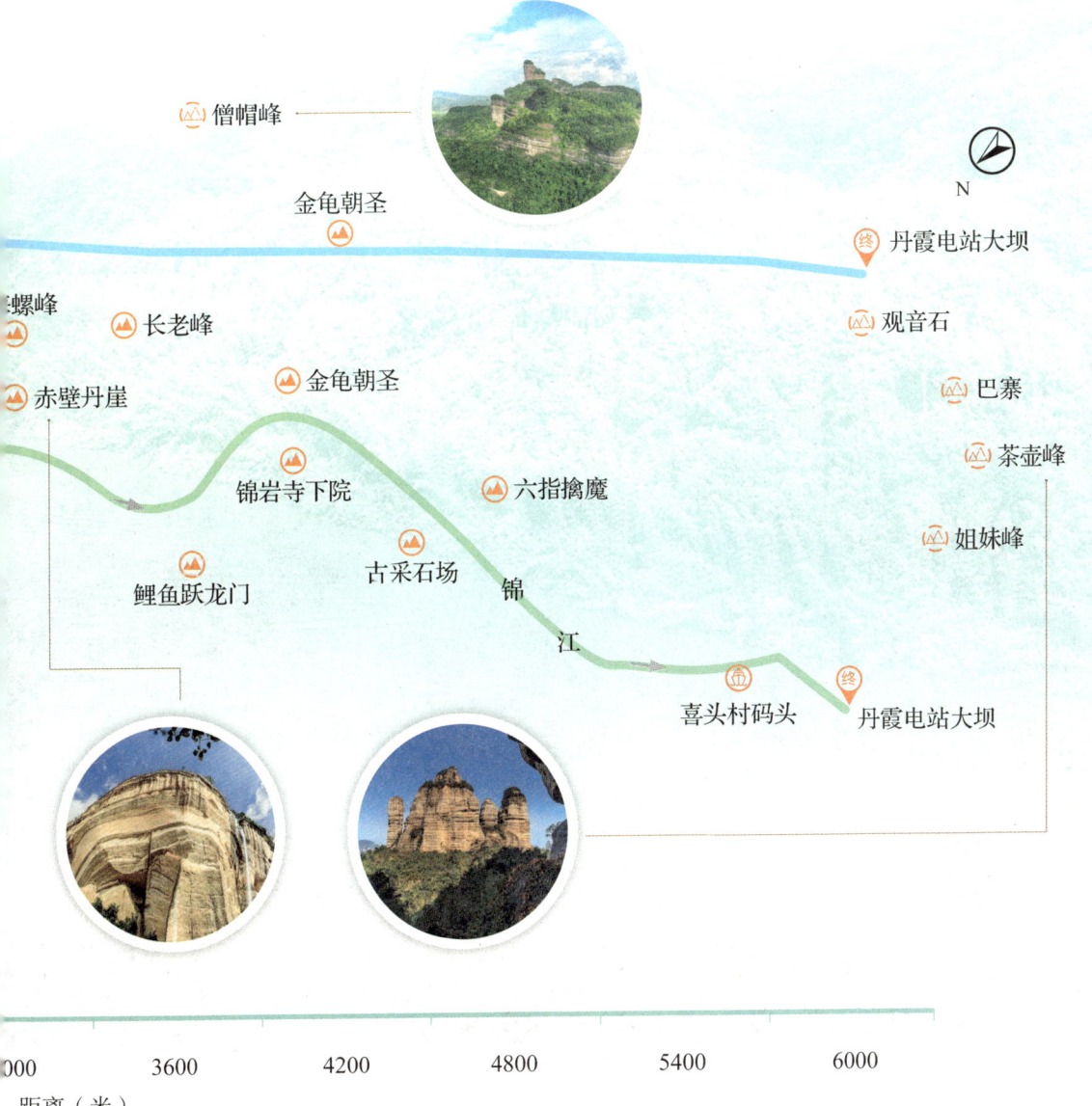

研学知识点1：锦江

　　锦江全长108千米，发源于江西崇义，向南蜿蜒穿行于丹霞山群山之间，其中34千米的流域位于丹霞地貌中，于芙芷坝处汇入浈江，之后再流入北江。在丹霞地貌的形成过程中，锦江起到了至关重要的作用。锦江曾是古代的重要水上通道；冯景兰、陈国达、曾昭璇等老一辈地质学家在考察丹霞地貌时，也是乘船由锦江逆流而上进入丹霞山的。

▲ 锦江（摄影：刘加青）

挑战任务

当在锦江乘船饱览风景时,你会看到造型各异的山石层出不穷。请根据景点的名称及看到的景观,将它们描述下来,并试着画出它们的轮廓。

锦江景观调查记录表

景点名称	描述	绘画
睡美人		
群象出山		
仙人插掌		
凉伞石		
鳄鱼爬山		

研学知识点2：断石村和田野调查

过了阳元桥，映入我们眼帘的是一个幽静的小村，背靠阳元山、睡美人，面朝锦江，如同一个威武的卫士守护在阳元山和睡美人山脚下。这个村子就是断石村，它是丹霞街道黄屋村委会下辖的一个自然村，因村庄背靠的山峰被山间河谷阻断，互不相连而得名。

该村始建于清朝初年，至今已经有300多年的历史。村民很多姓吴，当初是来自同一个家族。一方水土养育一方人，断石村曾经前有锦江、后有群山，交通极为不便，这导致了断石村成为仁化县远近闻名的贫困村，甚至连周围乡村的姑娘都不愿意嫁过来。随着丹霞山地区大力开发旅游，尤其是1996年开放阳元山景区，修建了阳元桥，以及2009年丹霞山申报世界自然遗产时对断石村进行了环境综合整治，使断石村的交通和面貌发生了巨大变化。现在去往阳元山景区的必经之路上有村里30多间集体商铺，租金收益可观，家家户户也都通过开客栈、开餐馆、开土特产店，发家致富，断石村也成为远近闻名的富裕村。

随着人们对体验式旅游需求的增加，传统的观光式旅游面临挑战，游客对传统的客栈、餐馆、土特产店服务要求提高了，外来的大学生和科普达人打理的客栈民宿更具优势。村民如何能找到一条既能参与世界自然遗产保护，又可保障乡村自身可持续发展的道路呢？让我们一起去村里听听大家的想法吧！

▲ 断石村

 **挑战任务**

开展断石村可持续发展问卷调查（以小组为单位，每组访谈五个人），访谈结束后，小组汇总访谈内容并形成记录，提出可行性建议。

断石村可持续发展调查记录表

记录人		记录时间	
村民姓名		性别	年龄
从事何种经营/主要经营收入			
经营人员组成			
目前有何困难			
有何意见或建议			

研学知识点3：竹林风光

竹，为禾本科竹属的多年生草本植物。茎多为木质，中间稍空，有节且节多而密；竹叶呈狭披针形，叶面呈深绿色。竹的名称来源其古字，它的古字形像下垂的竹叶，后演变成如今的汉字"竹"。竹子是丹霞山地区居民重要的经济作物，乡村周围山坡上多种植有毛竹、撑篙竹、粉单竹、小麻竹等，或做建筑材料、造纸材料，或采笋食用。沿江两岸多生长着撑篙竹、甜竹、刚竹，以观赏为主。

▲ "竹"象形文字

研学知识点4：大竹象

▲ 大竹象

大竹象，为鞘翅目象甲科昆虫。身体呈红褐色，光滑、无鳞片；触角位于喙基部；前胸基部和端部略呈黑色。不过，它的"象鼻"并不是真正鼻子，而是长长的"脸颊"，相当于嘴巴长在大长脸上，形态憨厚可爱。

然而，大竹象是害虫，它会对竹林造成严重的损害。成虫以笋为食,将笋啄成许多小洞,然后将卵产在小洞里。我们仔细观察就会发现,产的卵并没有在小洞的洞口,而是在洞的最里面,这是怎么做到的呢?其实雌性大竹象与蟋蟀一样,也是有产卵器的,只不过产卵器并没有一直在体外,而是缩在了腹部,在产卵的时候伸出,产卵后收回;卵经3~5天孵化,幼虫在笋内蛀食;经20天左右,幼虫咬破笋壳,入土作茧,经15天左右,化蛹;再经15天,羽化成虫。成虫在土茧中越冬。

挑战任务

你在生活中遇到过哪些竹制的用品呢?写下来,与大家一起交流吧!

你知道哪些与竹子有关的诗句呢?写下来,与大家一起赏析吧!

> 🔋 **能量补给站**

● 丹霞山有哪些野生经济植物资源？

丹霞山拥有丰富的野生经济植物，除了竹子之外，还分布有白毛茶、盐肤木、山苍子及圆叶小石积。

白毛茶为茶的变种，在我国有着悠久的种植历史。唐朝茶圣陆羽在《茶经·八之出》中记载"岭南，生福州、建州、韶州、象州……往往得之，其味极佳"。韶州，即现在的韶关一带，当年此处就有白毛茶产出，颇负盛名，明清之际甚至作"云雾白毫"被列入贡品。丹霞山的山野间不时可见白毛茶的野生植株，当地居民有在清明节前后采摘嫩叶来制茶的习俗。

▲ 白毛茶

盐肤木是漆树科的一种落叶小乔木，叶为奇数羽状复叶，有小叶3~6对，边缘具粗钝的锯齿。盐肤木的嫩叶被五倍子蚜虫寄生后可长出虫瘿（yǐng），经过浸烫和干燥后可入药，即五倍子；也可做工业原料。我国是五倍子的最大生产国和出口国。

▲ 盐肤木

山苍子，又名山鸡椒，属于樟科木姜子属，全株具有非常浓烈的柠檬香气。山苍子的香气来自它所含的柠檬醛。在我们日常生活中，柠檬醛一般供医药制品和配制香精等使用；山苍子的根、茎、叶和果实还具有祛风散寒、消肿止痛之效。除此之外，它的果实含有丰富的油，在重庆至湖北宜昌一带有榨取山苍子油，拌面食用，别有风味。

▲ 山苍子

▲ 圆叶小石积

圆叶小石积与苹果、梨、枇杷等同属于蔷薇科，常生长在干旱的山坡上，其枝条细弱稠密，自然弯曲，非常适合制作盆景造型，深受园艺爱好者的青睐。该物种在我国仅零星分布于粤北山区，以丹霞山最为常见，但由于过度采掘，其野生种群有退化迹象，需要重点加以保护。

研学知识点5：黑鸢族群

扫码看视频

在锦江上空，我们经常见到黑色的大鸟在高空中盘旋，有时也会像箭一样直扑向水面捕捉锦江里的鱼类，它就是丹霞山著名的猛禽——黑鸢。黑鸢就是人们俗称的"老鹰"，属于国家二级重点保护野生动物。黑鸢飞行快而有力，它能很熟练地利用上升的气流升入高空并长时间地盘旋翱翔，两翅平伸不动，尾亦散开，像舵一样不断摆动和变换形状以调节前进方向。

鹰类具有异常敏锐的视觉，这主要归功于它们特殊的眼睛构造。我们人类的视力是靠晶体的曲度变化来进行调节的，而鹰类有三种调节方式：一是改变晶体的曲度；二是改变晶体与视网膜的距离；三是改变虹膜的曲度。这也是它眼睛能迅速对焦的原因。与人眼相比，鹰眼拥有正中央和侧面两个视凹，以接受正面和侧面视野信息，这使得鹰类的视野范围也远远超过我们人类。

▲ 黑鸢

当鹰类在空中寻找到猎物后，它们会以极快的速度俯冲下来进行捕猎。为了保护自己的眼睛免受冲击和风沙的伤害，鹰类会在俯冲的过程中闭上眼睛的瞬膜。

黑鸢对环境的要求很高，它们喜欢栖居在江河边的悬崖之上。丹霞山的鸟类爱好者拍摄到每年春季黑鸢的幼鸟第一次离巢飞行就是从高空的悬崖边直扑而下御风飞行。

> 能量补给站

● 在丹霞山观察鸟类

丹霞山具有丰富的鸟类资源，多样的生态环境为大量的留鸟和候鸟提供了良好的栖息地。锦江两岸是较好的观鸟区域，白鹭、夜鹭、普通翠鸟、小䴙䴘（pì tī）常年活跃在这里，春秋迁徙季节则有中华秋沙鸭、东方白鹳、豆雁、凤头、麦鸡以及各种鹬鸟路过。在近锦江的山林边，我们经常可以观察淡眉雀鹛、棕颈钩嘴鹛、栗背短脚鹎、赤红山椒鸟、红嘴蓝鹊、金头缝叶莺、叉尾太阳鸟、栗颈凤鹛等鸟类。

▲ 棕颈钩嘴鹛
▲ 淡眉雀鹛
▲ 金头缝叶莺
▲ 栗背短脚鹎
▲ 赤红山椒鸟
▲ 红嘴蓝鹊

有趣的是，这些鸟类有时会形成一个一个的集群进行活动。科学家对这种现象进行了研究，发现热带、亚热带森林中林木密闭、光线幽暗，生活在这里的鸟类寻找食物相对困难，遇到不期而至的敌害风险更大。因此，鸟类为了适应森林环境，往往采取多个鸟种混合成群的方式来应对，通过这种集群效应，以确保壮大种群、提高繁殖率、防御敌害。当群中发现敌害早的个体发出警报时，其他个体则迅速逃避，以减少受伤甚至死亡的风险。同时，上层鸟类活动扰动的昆虫等食物会被下层的鸟类享用，减少了下层鸟类的觅食时间，也节约了能量。

小贴士

嘿！小伙伴们，要科学合理观鸟哦！小鸟们也需要安静和舒适的环境，所以我们不要靠太近，不要打扰他们啦！一起静静地观赏吧！

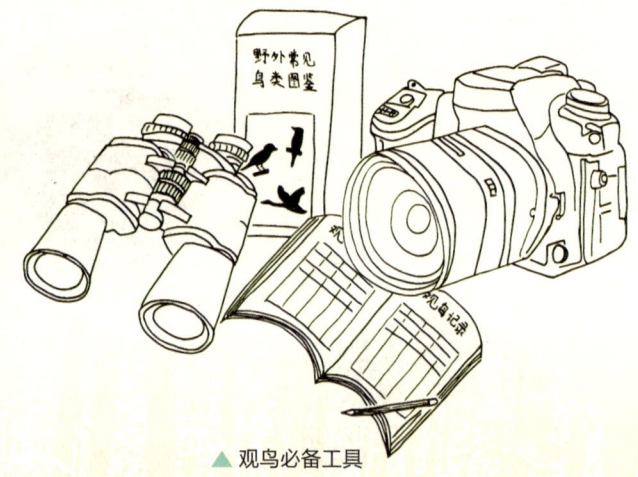

▲ 观鸟必备工具

 **挑战任务**

观鸟活动是一项具有科学性的户外活动,可以借助望远镜观察鸟类。你要随时记录观察到的鸟,遇见不认识的鸟,可以参考图鉴;在没有时间的情况下,可以先把看到的鸟拍摄下来,之后再进行资料查阅。

你不仅仅要观察鸟类的外形,还要观察鸟的运动方式、生活环境、行为习性,甚至还要聆听并分辨鸟的叫声。让我们一起观鸟并记录下来吧!

鸟类调查记录表

观察日期		观察地点	
观察天气		观察设备	
序号	鸟类名称	鸟类特征	生活环境

第 10 课

仙山琼阁入画来

——锦江画廊（8号线）研学课程

▲ 巴孖石（摄影：刘世辉）

第10课 仙山琼阁入画来——锦江画廊（∞号线）研学课程

> **课程简介**

在本条路线我们将乘坐锦江画廊游船欣赏西部群峰和丹霞山乡村田园风光。沿岸景点有姐妹峰、拇指石、夏富古村、上天龙、锦江竹林、茶壶峰、巴寨、观音石。本条路线是领略雄浑大气的壮年期丹霞地貌景观的必选路线。

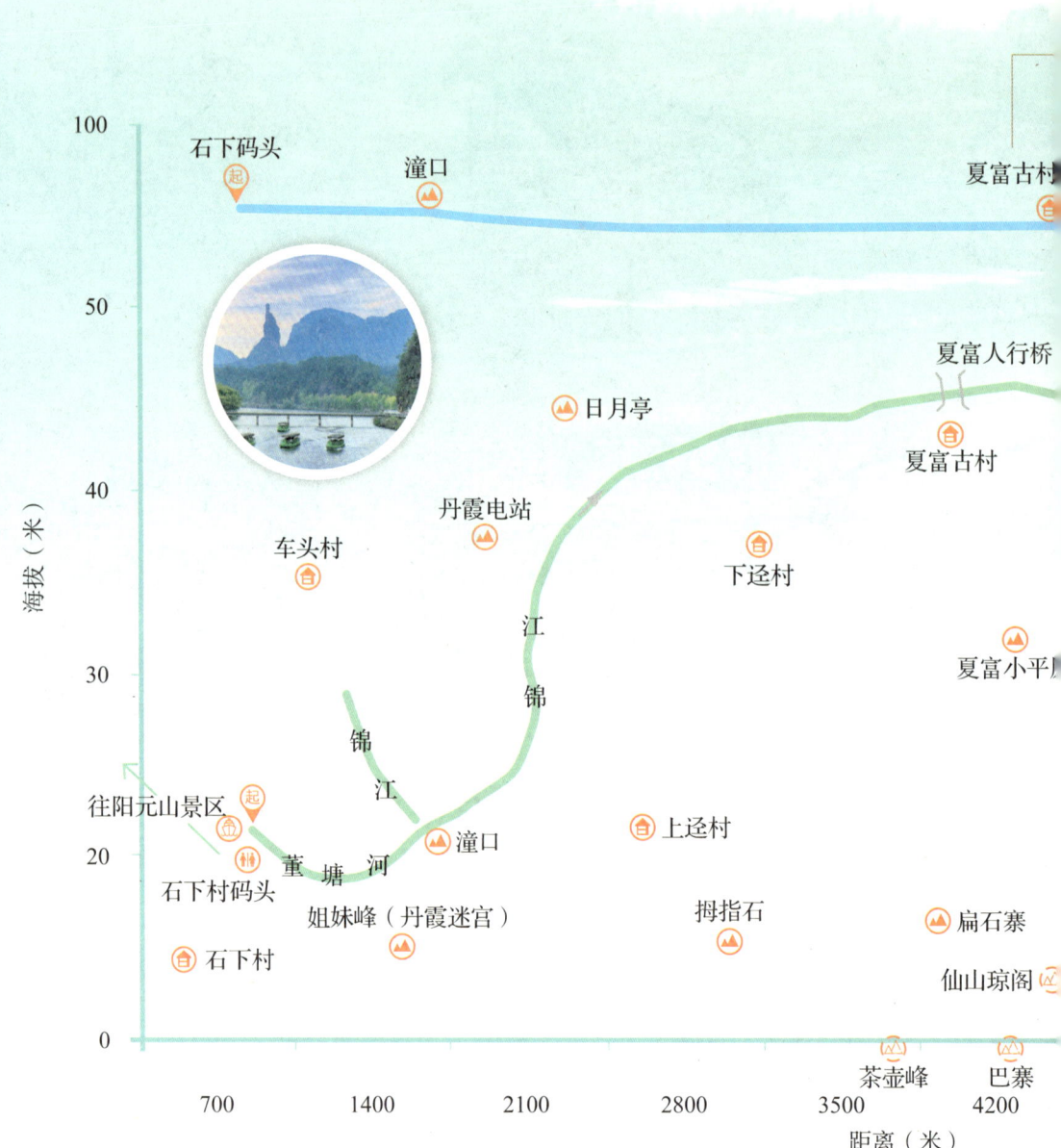

 时长

约2小时。

研学路线

石下村码头→姐妹峰（丹霞迷宫）→巴寨→夏富古村→牛鼻村→上天龙→观音石→巴孖（mā）园。

图例
- 路线
- 海拔
- 自然景观
- 远处景观
- 人文景观
- 服务点
- 卫生间
- 码头
- 起点
- 终点
- 村庄

第10课·仙山琼阁入画来——锦江画廊（∞号线）研学课程

研学知识点1：姐妹峰和丹霞迷宫

　　姐妹峰是经韶关-仁化断裂切割后形成的两座相邻的陡立山峰，两座山峰根部连在一起，因此得名。它们位于锦江右岸，南侧山峰海拔391米，北侧山峰海拔351米。

▲ 姐妹峰（摄影：刘加青）

　　受到断裂构造的影响，姐妹峰山体内部发育了大量次级断裂和裂隙。长期的流水侵蚀作用使这些次级断裂和裂隙形成了纵横交错、深浅不一的深沟壑谷，最大的沟壑可以容纳上千人，据说早年间曾有驻军藏身于此处，因此姐妹峰还被叫作"屯军寨"；也有传说这里藏有很多金银财宝，又名"同金寨"。这些沟壑四通八达，形成了迷宫一样的复杂地形。进入这座丹霞迷宫，首先要经过云客山山门。这是一道非常厚重的山门，虽已年久失修，但仍屹立不倒。

进入山门后,在右侧陡立的崖壁上会发现一些龟甲状多边形裂纹,以五边形和六边形居多,边长多在15~30厘米,且多位于崖壁2~3厘米的表皮,这是典型的风化产物。

▲ 云客山山门

▲ 龟甲状多边形裂纹

研学知识点2:巴寨和茶壶峰

  巴寨和茶壶峰位于丹霞山的西部,主峰之间直线距离约450米,中间仅相隔一条峡谷。无论是登上长老峰远眺,还是沿着锦江乘船观赏,巴寨和茶壶峰都是丹霞山最为壮观的组合景观。当地居民常常戏称为"天下第一掌""神州第一壶"。还拿旁边的姐妹峰打趣,说是姐妹争着倒茶待客,不小心扯掉了壶柄,所以我们看到的茶壶峰就是有茶壶盖、茶壶嘴和茶壶身,但唯独缺了茶壶柄的大茶壶。

  巴寨因外形酷似手掌而得名。因其海拔最高,约619.2米,体量较大,又被称为"大石山"。巴寨东西长620米,南北最宽处达250米,是丹霞山最大的城堡状丹霞景观。巴寨北侧与茶壶峰之间的大崖壁，如刀削般平直，上百米高，古人沿崖壁极窄的巷谷开辟了登山小路，有的地方还在悬崖之间架设了木梯通往上层平台。

　　巴寨上有巨厚的砂岩层，形成了大型水平洞穴，先民选择在这里藏身避难，修建了山寨，巴寨也因此得名。

　　茶壶峰位于巴寨北侧，主峰海拔约555米。茶壶峰是由四座较大的山体构成的象形地貌，它们被近南北向和东西向的两组裂隙切割，但根部相连。几座大小不同的山峰，错落有致，组合成一幅天然的茶壶状丹霞地貌景观，惟妙惟肖。

▲ 巴寨和茶壶峰（摄影：张少丰）

注：2017年以后，巴寨闭园实施生态修复，不对游客开放。

研学知识点3：夏富古村和客家民俗

  夏富古村位于丹霞山核心腹地，属于仁化县丹霞街道夏富村委会。夏富古村地处丹霞山最大的一个山间盆地，平原面积约8平方千米，锦江从古村的东侧流过。古朴的山村掩映在竹木之中，山水田园风光优美。相传，自南

▲ 夏富古村（摄影：蒋清刚）

宋理宗时期，李氏先祖由江西迁居至夏富村，至今已有近800年的历史。古建筑是夏富古村一大亮点，村内的建筑融合了徽派、岭南派和西洋风格，保存有上百栋宋元明清和民国等不同时期的古建筑，祠堂保存完好，2012年被评为"广东省古村落"，2013年被评为"广东省最美古村落"。

夏富古村地理位置优越，距阳元山景区仅有5千米左右，距离仁化县城约14千米。东北侧是丹霞景区，东南面是韶石景区，西北是巴寨—姐妹峰—上天龙，西南是观音山—田螺寨，奇峰林立、平原宽广、河谷蜿蜒，是融山水林田湖草村为一体的人与自然和谐相处的典范。古村周边美景众多，阅丹公路穿村而过，连接丹霞山和韶关市区，锦江碧道蜿蜒，绕行村落，连接仁化县城和牛鼻村，是游客休闲徒步和体验乡村生态旅游的好去处。

夏富古村主要是李氏宗亲居住，李氏祠堂上挂"陇西堂""仙李琪枝"，相传是李白的后人。周围还有岭背村，周姓居多，祠堂为"爱莲堂"，相传是周敦颐后人；牛鼻村，朱姓为多，相传是朱熹后人。丹霞山西部乡村都是客家人，多为单姓聚居，族谱代代流传，清晰地记录了客家人移居丹霞、适应环境、保护自然的悠久历史。夏富古村保留有"装故事"的非遗民俗，代代相传，每年丰收之后或传统节日，全村男女老少一起粉墨登场，演绎一出出精彩的民间故事，传达着客家人祈求风调雨顺、国泰民安的美好愿望。

▲ 装故事

👍 **挑战任务**

请你认真观察夏富古村的建筑,并将夏富古村的建筑特色记录下来。

夏富古村调查记录表

记录人		记录时间	
地点		天气	
古建筑组成			
建筑风格			
空间布局类型			
古建筑利用情况		居住情况	
画出一栋你最喜欢的夏富村古建筑			

第10课 仙山琼阁入画来——锦江画廊(∞号线)研学课程

研学知识点4：牛鼻村和曲流河

　　牛鼻村，距离仁化县城17千米，其东北为丹霞山，东南为韶石山，西面为大石山，锦江绕着村子形成一个长长的"U"字形半岛，形状犹如一只牛鼻子，村名也就这样流传下来了。

　　牛鼻村位于大丹霞腹地核心区，以前的村名叫"白沙湾"，源于村子被锦江河围成一个大湾，大部分时候河道一半水一半沙滩，洁白干净的沙滩是这个河湾的特色。

▲ 牛鼻村（摄影：陈少文）

挑战任务

手磨豆腐是一项古老的技艺,更是我们祖先的智慧结晶。在夏富、牛鼻、车湾等客家村落,很多古老的石磨仍在使用。人们一代代传承种黄豆、磨豆腐、煮豆浆、制作豆腐包、酿豆腐等各种传统技艺,这些豆类佳肴为客家人补充了丰富的植物蛋白,更是客家人餐桌不可或缺的美食。

扫码看视频

今天我们跟着豆腐师傅学习制作豆腐的全过程,你需认真观察,一起动手,掌握磨豆腐,制作豆腐花、豆浆和豆腐的技艺,请你认真做好记录。

手磨豆腐技艺调查记录表

地点		天气	
制作流程	主要内容		
选泡黄豆			
石磨磨浆			
过滤			
柴火煮浆			
点石膏			
压模			

研学知识点5：上天龙

▲ 龙眼（摄影：刘加青）

上天龙，又名孝天龙、笑天龙、哮天龙和啸天龙。倾斜的岩层被风化成奇形怪状的景观，看起来像一群仰天长啸的巨龙。

我们观察到，上天龙至姐妹峰之间的岩层均呈现向西倾斜的状态，并被南北向和东西向的断层切割。这些岩层受到强烈的侵蚀和风化作用，导致其形态发生了显著的变化。受岩性和节理构造的影响，这些岩层发育了多组不同方向的丹崖地貌。许多曾经的丹崖已经演化成柱形地貌，有的则被侵蚀风化成穿洞，还有一些丹崖表面呈现出石墙形态。

▲ 上天龙

研学知识点6：观音石

当乘坐游船来到牛鼻村码头时，我们会看到西边有一座巨型的石墙，形状像观音，因此得名"观音石"。观音石海拔约398米。站在观音石观景台上，我们会发现它是由多块巨石构成的略呈环状的石墙，看上去像一个船帆，因此又被称为"风帆石"。

▲ 观音石（摄影：陈志芳）

▲ 风帆石

研学知识点7：巴孖石和巴孖园

巴孖石位于牛鼻村至巴寨景区的公路旁，海拔252米。从远处特定的角度看，高大的巴孖石南侧有一个10多米高的岩块趴在巨大的山体之侧，就像是一位母亲背着儿子，所以在当地"巴孖"原被称为"巴子"，意思是"背仔"。巴孖石崖壁有一个倾角约30度的断层，已把巴孖石拦腰截断，因此，巴孖石就如同一块没有根的巨型"浮石"，"漂浮"在半山腰处。比较幸运的是，这个断层倾向西侧是无人区，因此，即便发生滑塌，也不会造成人员伤亡和财产损失。

巴孖园是当地居民依托民居和周边园地建设起来的一处综合性生态科普园，利用林地和园地种植了柚子、金橘、八月炸、灵芝、兰花、淫羊藿等经济作物，同时在周围的崖壁和山体上模仿野生环境，保育了丹霞山野生石斛的多个品种，初步掌握了种子采集和人工繁育技术。该园种植了大量民间流传的药用植物，形成了集休闲、保育、科普和经营为一体的家庭林场，每年都会吸引一大批生物学家和中医药专家前来考察。

▲ 巴孖石

研学知识点8：芭蕉群落

芭蕉的叶片巨大，在热带和亚热带雨季，这么大的叶子会不会很容易被雨水压折？其实芭蕉很"聪明"，它不仅具有羽状叶脉，中脉还具有浅槽，可以起到引流雨水的作用，甚至可以控制叶片边缘来控制蒸腾。而且它的叶子几乎全年都是绿的，所以它在很多地方不仅仅是农作物，也是观赏植物。很多文人墨客喜欢把它写在曲里、画里、诗里，例如著名的民乐曲目《雨打芭蕉》，明代唐寅的芭蕉仕女图，宋代蒋捷的"流光容易把人抛，红了樱桃，绿了芭蕉"。

在丹霞山常见的是芭蕉属中的大蕉。大蕉是当地重要的经济作物，大蕉的花期和果期很长，人为管理粗放，接近野生，大蕉的果实酷似香蕉，村民多在快要成熟时摘下，放到家中阴凉处搁置几天，待大蕉外皮发黑发软时就可食用。大蕉果肉细腻，含糖量高，是当地人和游客都喜欢的水果。

▲ 芭蕉群落（摄影：陈再雄）

挑战任务

你知道哪些关于芭蕉的诗句？与老师同学们交流一下吧！

研学知识点9：沿途常见的动植物

夏富古村里有三株百年树龄的榕树，最老的已经600多岁了，都已经被列入国家和广东省的古树名木保护名录。千百年来，村民在古老的大榕树下，日出而作，日落而息，古树和村民的生活融合在一起，构成了独特的村落文化。

榕树

榕树是一种非常神奇的植物。我们经常会看到榕树上长了很多"胡子"或者"毛发"，其实那是榕树神奇的气生根，气生根是其适应性强的表现之一。气生根一般有三个作用：支持、呼吸和攀缘。通过呼吸作用，能够从空

▲ 大榕树

气中吸收水分和少量营养物质，为植物提供水分和养分。随着气生根的不断生长，它们会逐渐伸入地下，成为真正的根，为榕树提供更稳定的支撑和营养来源。

榕树的生长过程中，其树冠会不断变大，需要大量的营养物质来维持生长。因此，榕树在生长过程中会大量消耗环境中的营养物质，气生根甚至会包裹住其他植物，与其他植物竞争养分。随着气生根的不断粗壮，它们可能会绞杀其他植物，导致其他植物死亡。

此外，榕树的种子也是其适应性强的表现之一。很多鸟类喜欢吃榕树的果子，但是种子很难被消化，会被排泄到其他植物附近或者植株上。这些种子会在合适的环境下萌发，形成新的榕树，进一步扩大了榕树的分布范围。

柚子

柚子在夏富古村已有上百年的种植历史，相传最早由广西容县引种，以沙田柚为主，有少量蜜柚。柚子是柑橘属里果实最大的种类，它气味清香、

▲ 柚子

▲ 柚子花授粉研学考察

汁水丰富、口味甘甜、营养健康，是广受大众欢迎的水果之一。我们平时经常喝的蜂蜜柚子茶，就是用柚子的皮做成的。柚子表皮富含挥发油腺体，是做蜂蜜柚子茶必不可少的原材料。用盐水稍稍浸泡一下柚子皮，可有效去除苦味。柚子皮去瓤、切丝，然后熬煮，直至汤色清黄，加入适当的冰糖，关火晾凉。在柚皮汤稍微冷却之后，可按照个人口味加入适量蜂蜜，让人迷恋的蜂蜜柚子茶就做好了。

气步甲

气步甲属于昆虫纲鞘翅目步甲科气步甲属，是节肢动物门的一种昆虫。它行动迅速，以其他动物为食。虽然气步甲的体型较小，但当人们用手触碰时，它也会咬人，这是它的防御方式。另一种防御方式是独门绝活儿，气步甲体内有两种腺体，一种生产对苯二酚，另一种生产过氧化氢。这两种物质在平时分别储存在体内不同的地方。然而，当气步甲感觉到威胁时，它会猛烈收缩肌肉，使得这两种物质相遇。在酶的催化作用下，它们瞬间反应，生成温度高达100℃的毒液。然后，毒液会从气步甲的身体里喷射出来，形成一种具有恶臭的高温"炮弹"。同时，气步甲的尾部会发出爆响，喷射时会产生黄色

▲ 气步甲

的毒气和烟雾。这种防御方式旨在迷惑、刺激和惊吓潜在的敌害。气步甲的喷射距离高达其体长的300倍以上，不仅能连续喷射，而且几乎百发百中。

柑橘凤蝶

柑橘凤蝶属于凤蝶科凤蝶属，它特别喜欢寄居在柑橘属的植物上。它成虫的翅膀是浅黄绿色的，翅膀的脉纹是黑色的，前后翅的外缘有黑色的宽带，宽带中有月形斑。臀角通常有一个带黑的橙色圆斑。

柑橘凤蝶的幼虫以芸香科植物的芽和叶为食。在初生阶段，它们会将芽和叶片咬成缺刻状，而到了中龄阶段后，它们会将叶片完全吃光，或者仅留下叶柄和主脉。然而，值得注意的是，尽管柑橘凤蝶的幼虫喜欢吃柑橘、柠檬以及花椒等植物的树叶，它们却不会啃食同为芸香科的柚子树叶。

▲ 柑橘凤蝶

研学知识点10：星光烂漫丹霞山

> 我希望能激励世界各地的人们仰望星空，而不是只盯着他们的脚下。让他们想知道我们在宇宙中所处的位置，并试着去理解宇宙。不仅是我的研究，而是每一个伟大的、具有探索精神的研究，对于任何人来说，在世界上的任何地方，都应该可以自由不受阻碍的访问。
>
> ——霍金

丹霞山具有优质的星空观测条件，丹霞山的西部乡村远离城市灯光污染，拔地而起的山体在很好地阻隔地面光源的同时，也成为星空摄影绝佳的地景；开阔的河谷平原为星空观测创造了良好的视野。在夏日的夜晚，躺在乡村的晒谷坪上，享受着静谧的星空，讲述星空故事，是何其惬意的一件事。

▲ 观音山银河（摄影：梁嘉宏）

头顶上的星空

"一闪一闪亮晶晶,怎么数也数不清。"如何辨识密布的繁星呢?我们可以通过了解星星的运行规律,找到夜空当中的指向标,辨识标志性的星星、星座,从而辨识全天星空。

在认识星星的基础上,了解星空的故事,来听听古人是如何描述星空的。"海上生明月,天涯共此时",想一想这首古诗对星空的描述是否具有科学性:明月是从海上升起的吗?全天下的人们可以在同一时间看到这一轮耀目的明月吗?还有,牛郎织女的故事是如何与天上的星宿遥相呼应的?

▲ 阳元山夏夜星空(摄影:梁嘉宏)

星空观测

嫦娥奔月、吴刚伐桂、玉兔捣药……出于对月亮的未知,古人用神话故事来装饰月亮上的景象。今天,我们可以借助科技的手段,将视野延伸,去探索月亮的真实面貌，去探一探月亮上最长的山脉、最大的环形山……也借助设备去一窥行星的真实面貌，去欣赏壮观的星云景象，去寻找肉眼难觅的璀璨星群……

▲ 天文观测研学考察

> 👍 **挑战任务**

星空观测记录表

观测者：_____ 观测目标：_____

观测地点：_____

天气情况：_____

观测方式：　☐ 目测　　　☐ 设备辅助观测

观测记录（绘图）：

观测小结：

丹霞山研学游记

经过三天的丹霞山世界地质公园研学之旅，你对丹霞山一定有了全新的认识，相信这段旅行也给你留下了难以忘怀的回忆。这些新的认识和经历将成为你学习、成长道路上的重要里程碑。有些同学选择用自然笔记的形式记录了一天的研学课程收获，你也可以尝试用这种方式，将你的观察和收获记录下来，与同学们分享和交流。

丹霞之美

观察地点：广东省韶关市 丹霞山
观察日期：2021年10月30日
观察天气：阴天 小雨 清凉
记录人：邹禹治 邹魏然 邹楚涵

少花马蓝：
多年生草本，茎直立，高一般在30到60厘米，在丹霞山地区常见。叶子是宽卵形，基部较宽，头部较尖，边缘有锯齿。花朵像小喇叭，比叶子小，颜色通常是紫色，就像是在绿丛中翩翩起舞的"紫色精灵"。

白喉针尾雨燕：
属于一种雨燕科中的一鸟类，从头顶到后颈是黑褐色，羽毛有光泽。下巴、喉部，后下腹部有白色羽毛。尾部像针状。喜欢在树洞和石缝搭窝。在这个季节刚好是它们大量经过丹霞山的季节。今天刚好用望远镜看见了一只飞过，它们是来过冬吗？

八角枫：
和枫叶相似，但拥有八个角，所以称为八角枫，但秋天叶子不会变红。对土壤要求不严，喜肥沃、疏松、湿润的土壤，所以我们在丹霞山行走的路边都能看到很多长得大大小小的八角枫。

丹霞地貌（大型蜂窝状洞穴）：
丹霞山，"色如渥丹，灿若明霞"，以赤壁丹崖为特色，故此命名。属于红层地貌，是一种水平构造地貌。其中路过的"梦觉关"大型蜂窝状洞穴让我们印象深刻，是因为早期河床上流水旋转侵蚀的大型侧向窝穴群，岩石经后期被风化侵蚀而成，有的洞穴可以互相串通。此类蜂窝状洞穴在丹霞山常见。中国和世界其他地方都有丹霞地貌，我们都想去看。

海芋：
大型常绿草本植物，在丹霞山内随处可见。有大的还有小的，大的有些比我们还高。在路上观察的时候看到有些海芋的叶子上有一些小洞，老师跟我们说是因为甲虫为了吃海芋，就用下颚绕一个小圈切断叶脉，破坏海芋的毒素传导，甲虫就可以安心吃掉那一块叶子。

你 的 观 察

你 的 收 获

打卡集章

丹霞山研学游记

打卡集章